体育教学与健康教育研究

杨慧芸 著

中国纺织出版社有限公司

图书在版编目(CIP)数据

体育教学与健康教育研究 / 杨慧芸著. —— 北京：中国纺织出版社有限公司, 2024.10. —— ISBN 978-7-5229-2237-9

Ⅰ.G807；R193

中国国家版本馆 CIP 数据核字第 2024H58C11 号

责任编辑：张　宏　　责任校对：高　涵　　责任印制：储志伟

中国纺织出版社有限公司出版发行
地址：北京市朝阳区百子湾东里 A407 号楼　邮政编码：100124
销售电话：010—67004422　传真：010—87155801
http://www.c-textilep.com
中国纺织出版社天猫旗舰店
官方微博 http://weibo.com/2119887771
河北延风印务有限公司印刷　各地新华书店经销
2024 年 10 月第 1 版第 1 次印刷
开本：710×1000　1/16　印张：14.75
字数：185 千字　定价：98.00 元

凡购本书，如有缺页、倒页、脱页，由本社图书营销中心调换

PREFACE 前言

健康是人类永恒的话题，其研究意义和价值永远闪耀着光芒。随着全民健身和健康中国的理念深入推进，体育运动越来越受到人们的关注和喜爱，体育生活化是提高现代人生活质量的重要手段。体育的价值也体现在和谐社会和小康社会的建设过程中，实践着对世界和平主题的不懈追求，成为社会进步文化的重要内容和载体。培养良好的体育锻炼习惯、掌握科学的体育锻炼方法，有助于提高大学生身体素质、心理素质和社会适应能力，为其将来更好地适应社会奠定良好的基础。在高校开展体育教学改革与健康教育是十分有必要的，要加强推进高校体育教学改革，创新教学方法和手段，促进高校大学生身心健康发展，为祖国的未来贡献自己的力量。

本书共七章，第一章为体育与人的全面发展；第二章为体育教学与健康教育的融合；第三章为体育与健康教学策略；第四章为高校体育教学方法的改革；第五章为高校体育教师创新能力的要求；第六章为大学生体育锻炼与心理健康；第七章为增强体质健康的运动处方的制定及运用。

由于笔者理论水平与教学经验有限，时间仓促，书中不妥之处在所难免，恳请专家同仁批评指正，欢迎广大师生提出宝贵意见，以便再版修改时完善。

著者

2024 年 1 月

CONTENTS 目录

第一章 体育与人的全面发展	1
第一节 人类体质的基本发展与宏观分类	1
第二节 影响人类体质发展的因素	4
第三节 体育对人类体质发展的作用	5
第四节 体育促进身体的全面发展	14
第五节 体育促进身体发展的哲学思考	21
第六节 体育促进身体发展的文化学考察	32
第二章 体育教学与健康教育的融合	45
第一节 高校体育健康教育理念及思潮	45
第二节 体育教学模式概念	63
第三节 体育教学与科学、人文、健康教育融合	68
第四节 构建融合式体育教学模式	80
第三章 体育与健康教学策略	93
第一节 结构化的体育与健康教学策略	93
第二节 情境化的体育与健康教学策略	95
第三节 问题化的体育与健康教学策略	99
第四节 信息化的体育与健康教学策略	101
第四章 高校体育教学方法的改革	105
第一节 高校体育教学方法的现状	105
第二节 高校体育教学方法的发展	114

第三节　高校体育教学方法的选择 …………………… 141
第五章　高校体育教师创新能力的要求 …………………… 153
　　第一节　高校体育教师创新能力的概述 …………………… 153
　　第二节　高校体育教师创新能力的制约因素 ……………… 169
　　第三节　高校体育教师创新能力的提高策略 ……………… 181
第六章　大学生体育锻炼与心理健康 ……………………… 189
　　第一节　大学生的心理健康状况及影响因素 ……………… 189
　　第二节　大学生心理健康的维护与心理疾病的防治 ……… 194
　　第三节　体育锻炼对大学生心理健康的影响 ……………… 215
第七章　增强体质健康的运动处方的制定及运用 ………… 219
　　第一节　运动处方概述 ……………………………………… 219
　　第二节　运动处方的主要内容 ……………………………… 222
　　第三节　运动处方的分类及实施原则 ……………………… 224
参考文献 …………………………………………………………… 227

第一章 体育与人的全面发展

第一节 人类体质的基本发展与宏观分类

一、体质人类学的体质观

体质人类学是人类学的分支,也称为"自然人类学"或"人体学",是研究人类群体体质特征及其形成和发展规律的一门科学,通过人类群体体质特征和结构的剖析来探讨人类自身的起源、分布、演化与发展,人种的形成及其类型特点,以及现代人种、种族、民族的分类等问题。体质人类学是人类学的重要组成部分,应用比较研究的方法,以人体结构、生理机能、人体测量、人类遗传及遗传变异为衡量指标,从生物学、文化学、社会学、生理学等视角来审视各民族的区别与联系,主要研究内容包括人类的起源与进化;不同文化和社会背景下人类体质特征的形成、差异和分布规律;人类在演化和发展过程中生长和发育、结构和机能、指标和测量、遗传和变异等关系。体质人类学是以时间为横轴、以空间为纵轴,从生物学、文化学、社会学、生理学等视角来研究人类体质的变化及其发展规律的科学。

近代以来,我国关于人类体质学研究有以下三个阶段。

第一阶段是萌芽阶段。早在1934年,林惠祥就在《文化人类学》中提到体质人类学是人类学的重要组成部分,之后由于历史原因,关于体质人类学的研究一度停滞。

第二阶段是起步阶段。随着1982年中国人类学会编写的《中国八个民族体质调查报告》、1983年黄新美编著的《体质人类学基础》、1985年邵象编著的《人体测量手册》等为代表的人类体质学著作的出版,结合医学、古人类学、考古学等学科的快速发展,体质人类学的发展迎来了春天。之后,中国人类学界将体质人类学细分为人类起源学、人体形态学、人种学、人类遗传学和人体测量学,同时对人类体质学的内涵也进行了重新界定,为体质人类学的发展奠定了良好的基础。

第三阶段是发展阶段。1991年,吴泽霖总纂的《人类学辞典》将体质人类学界定为一门研究人类生物学的科学,学科将种族差异、人体变化、人体发展与生态学和生物机体之间的关系结合到一起。1991年,林惠祥的著作《文化人类学》修订再版,修订后明确提出体质人类学即为"种族人类学",特别强调各种族体质特征的不同,应用比较的方法研究各种族的体质特征,试图通过寻求统一标准来审视各种族间的遗传关系和区分人类。1993年,陈明达主编的《实用体质学》将体质界定为"在遗传性和获得性基础上表现出来的人体形态结构、生理功能和心理因素的综合的、相对稳定的特征,是人类在生长、发育过程中所形成的与自然、社会环境相适应的人体个性特征,具有个体差异性、群类趋同性、相对稳定性和动态可变性等特点",使关于体质的研究更为明确和具体。

二、医学界的体质观

体质是指在遗传及环境的影响下,有机体在生长、发育和衰老过程中形成的结构、机能和代谢相对稳定的特殊状态,这种特殊状态决定了机体生理反应的特异性,机体对某种致病因素的易感性和所产生病变的倾向性。

医学界对体质的认识起源于对病因、病理、病情等问题的探讨。医学界认为人类体质研究的范畴主要是人体结构和功能之间的关系。人体体质特征由先天遗传和后天获得构成。所谓先天遗传,是指人体体质特征从受精卵就开始形成;后天获得是指个体在生长、发育、成熟和衰老的整个过程中受环境、教育、锻炼、营养等因素影响。个人体质特征是先天遗传和后天获得的共同结果,医学界强调个体体质特征是研究的重点,而带有共性的群体体质特征是建立在个体体质特征之上的。

医学界关于体质的研究主要针对疾病的产生、发展和演变等进行,主要目的是为疾病的诊断和治疗提供理论依据。其存在的主要不足是对心理方面的因素强调不够,认为心理学不属于其研究的主要范畴。

三、体育界的体质观

国内关于体质的权威定义是1982年体育科学学会体质研究分会在泰山会议上给出的定义,即体质是人体的质量,是在遗传性和获得性的基础上表现出来的人体形态结构、生理功能和心理因素等综合的、相对稳定的特征。"发展体育运动,增强人民体质"是中华人民共和国发展体育事业的路线和方针,一直引导着中国体育事业的发展。

体质作为评价一个人的身体质量标准,包括以下几方面的内容:一是身体的发育水平,包括体格、体型、体姿、营养状况、身体成分等方面;二是身体的功能水平,包括机体的新陈代谢状况和各器官、系统的效能等;三是身体的素质及运动能力水平,包括速度、力量、耐力、灵敏度、协调性,还有走、跑、跳、投、攀越等身体的基本活动能力;四是心理的发育水平,包括智力、情感、行为、感知、个性、性格、意志等方面;五是适应能力,包括对自然环境、社会环境、各种生活紧张事件的适应能力,对疾病和其他有碍健康的不良应激源的抵抗能力等。

体育界关于体质的研究建立在实践的基础上,应用解剖、生物、生理、化学、力学、心理、社会等学科的理论和方法来研究个体与群体的机能。体育界的体质观:第一,强调机体是一个完整的、统一的整体,而体质是构成整体各要素基本功能的一种综合表现,是个体生存的物质基础,是个体自身拥有的基本属性;第二,强调先天遗传和后天获得同样重要;第三,强调体质的特殊性,体质与种族、地域、性别、年龄等因素有关,既具有特殊性,又有规律可循;第四,强调体质是机体发育和生理功能的外在表现,是身心两个方面共同的结果;第五,强调体质测量和评价是一个复杂的系统工程,应用科学的指标多方位综合评价体质健康状况,进而不断改善和增强体质;第六,特别强调科学的体育锻炼是增强体质可靠的手段和方法;第七,强调体质的强弱不仅是身体健康的问题,也是有关国家未来的战略性问题。

第二节　影响人类体质发展的因素

从整个人类的进化史来看,人类的生活方式大致分为:①早期人类,从200万—300万年前的南方古猿开始,先后经历了直立人阶段、早期智人阶段,大约5万年前出现晚期智人;②农耕社会,大约在1万年前,原始人类成功地把野生动、植物驯化成家畜和作物,使得农业产生和发展;③工业社会,18世纪后期的工业革命,是人类发展历史上一次深刻的生产变革,给人类社会生产和生活方式带来了空前的变化;④现代社会,20世纪50年代,一场新的生产变革——信息革命席卷而来,对人类社会生产与生活方式产生了巨大的影响。

早期人类的生活方式主要是群居。这个时期为了生存,人类要不断寻找食物、追捕猎物,为了躲避野兽的袭击,不断地进行奔跑、跳跃、负重、攀登、投掷、游泳等体力活动。这样的生活方式促进了早期人类的身体发育,使其身体强健、敏捷。在数百万年漫长的进化过程中,人类的身体结构、功能已经完全适应了这种体力活动的需求,"结构"与"功能"基本达到了平衡。

农耕社会,人类的生活方式主要是定居。这一阶段的生产方式主要为耕种土地及手工劳动,在早期人类生活中形成的攀、爬、跑、跳、投等运动技能逐渐退化，但是劳动强度仍然较大，劳动时间仍然较长，人类的耐力素质仍保持较高的水平，人类的饮食结构、饮食习惯与生活观念趋于稳定，与之相应的体质形态变化不大。

工业社会，人类的生活方式需要劳动力高度密集，于是形成人类密集的大都市、小城镇。人类使用工具的范围扩大，机械化、电气化代替了手工劳动，人们逐渐从繁重的体力劳动中解放出来，体力活动的强度大大缩小，户外活动的时间逐步缩短。在此阶段，人类大脑的进化已经达到比较完善的水平，但体力活动能力却在不断下降，体质有减弱的趋势。

现代社会，人类的生活方式是超大型城市继续扩张。这一时期人类开始进入"知识经济时代"和"信息社会"，脑力劳动逐步取代体力劳动，便捷的交通设施、长时间的脑力劳动、轻松安逸的生活环境、饮食结构的变化（动物性蛋白、脂肪越来越多，植物性蛋白、淀粉、纤维等成分越来越少），致使人类油脂、甜食、肉类食品摄取量过高，而膳食纤维摄入量相对不足，促使脂肪在体内大量囤积和不断攀升，再加上激烈的社会竞争、过快的生活节奏，使人们无暇顾及身体锻炼，机体长期无法得到充足的锻炼，导致身体"结构"与"功能"发生背离，体能素质不断下降，随之而来的"富贵病"（脂肪肝、高脂血症、高血压、糖尿病）的发病率不断攀升。

从人类进化的方向看，人类生产和生活方式正朝着更舒适、更方便的方向发展。有人预测，未来人类大脑会越来越发达，躯体会越来越退化，体形为"一个弱小纤细的肢体载着一个硕大的脑袋"。为了避免和阻止这在将来成为现实，人们应当积极主动、科学、合理地参加体育锻炼，不断提高和改善人类体质水平。

第三节　体育对人类体质发展的作用

体质的形成主要取决于先天遗传和后天获得，即人类体质秉承于先天，得养于后天。先天禀赋决定了群体和个体体质的相对稳定性和个体差异性，而后天获得对体质的发展和塑造同样具有重要意义。所谓可塑性，主要是指"生物体的结构、形态和功能还未达到成熟稳定水平时，容易受环境因素的影响而产生变异的一种自然属性"。后天获得体现了人类体质具有可塑性、可变性、可调节性等特征，这也使人类体质可以通过后天努力改变。正是由于人体具有这种可塑性，才有了我们现在开展的强身健体的锻炼、预防保健的手段、疾病治疗的方法和有关体质健康的理论研究，人们通过这些手段、方法等进行"自我修炼"和"身体塑造"，达到预期和理想的体质外形。

后天获得受自然因素和社会因素的影响。自然因素主要取决于后天生活环境，主要包括地理环境、气候条件、疾病损害等。社会因素主要包括人类进化发展过程中形成的文化、风俗、道德、法律、教育、医疗等。自然因素的长期影响可使不同时间、空间条件下的群体在形态结构、生理功能、心理行为等方面产生适应性变化，从而使体质发生变化。社会因素也会通过风俗习惯、生活方式、社会交往等影响人类身体的质量。

人体生理学和心理学研究表明，人的体质发展具有明显的阶段性、时效性和层次性。在个体生长发育的过程中，体质各要素的发展具有不同时限的敏感期，如果错过了这些敏感期，想要在后期的学习和训练中得到体质各要素的快速发展和大幅度提高是比较困难的。因此，应当在各个体质发展的敏感期和可塑性强的黄金时期，采取科学合理的措施和方法来提高个人体质健康水平。

大量研究表明，几乎所有身体锻炼都能直接或间接地通过修饰、改变人类基因的表达及表达产物的功能而生效。适当的体育锻炼对增强体质具有可靠性作用，是改善体质的重要因素，是增强体质的有效途径。所以，人们要科学合理地参加体育锻炼，从而达到改善体质的目的，当然合理饮食、健康心理、戒烟限酒、生活规律等同样重要。

体育界认为体质作为评价一个人身体质量的标准,主要包括生理健康、心理健康和社会健康三个方面。

一、体育锻炼与生理健康

生理健康主要包括人体形态、人体机能和身体素质健康三个方面。

人体形态是一种有着先进的细节功能的复杂现象,一个人的形态通常用骨架、肌肉、胖瘦来定义。描述人体形态的指标包括身高、体重、胸围、坐高等。人体形态的评价指标主要受遗传因素的影响,但后天获得也不可忽视。经常参加体育锻炼可以改善人体的血液循环,增强身体对营养物质的吸收,不仅可以使骨细胞生长更旺盛,使骨骼变得更加粗壮坚实,还能够使软骨细胞正常增殖,促进骨骼的生长速度,从而使身体长高。另外,体育活动加快了新陈代谢,使肌纤维增粗、体积增大,肌肉变得粗壮、结实发达有力。

人体解剖学以人体系统为基础将人体机能分为运动系统、消化系统、呼吸系统、泌尿系统、生殖系统、脉管系统、感觉器官、内分泌系统、神经系统九个模块,每个模块包含若干个驱动任务。大量研究表明,科学、适当的体育锻炼对人体各机能有不同程度的提高和改善作用,如季浏指出体育锻炼可以提高心肺适应能力、提高肌肉力量和耐力、改善身体的柔韧性[1];李茹萍认为体育锻炼可以对人的中枢系统、神经系统、运动系统、呼吸系统、心血管系统、消化系统等产生积极的影响;何颖指出体育锻炼可以预防心血管病变、增强呼吸系统的功能、提高消化系统功能、改善神经系统功能、预防骨裂、控制体重与改变体形等,从而对人的生理健康起到积极的促进作用[2]。

身体素质一般是指人体在活动中所表现出来的力量、速度、耐

---

[1] 季浏.体育心理学[M].北京:高等教育出版社,2001.
[2] 何颖,季浏.不同的体育锻炼类型对大学生抑郁水平的影响及其心理中介变量的研究[J].体育科学,2004(5):32-35,52.

力、灵敏、柔韧等机能。身体素质经常潜在地表现在人们的生活、学习和劳动中,自然也表现在体育锻炼方面。一个人身体素质的好坏与遗传有关,但与后天的营养和体育锻炼的关系更为密切,通过正确的方法和适当的锻炼,可以从不同方面提高身体素质水平。儿童青少年各素质发展都有其敏感期,且各素质敏感期不尽相同。①速度素质敏感期:男生为10—13岁,女生为10—11岁;②力量素质敏感期:男生为6—7岁、12—13岁,女生为6—8岁;③耐力素质敏感期:男生为12—13岁,女生未达到敏感期临界值;④柔韧素质敏感期:男生为6—7岁、15—16岁,女生为10—11岁、13—14岁;⑤灵敏素质敏感期:男生为7—8岁、12—13岁,女生为7—9岁。在敏感期内,身体各项素质增长率要比非敏感期快,所以要抓住敏感期,在此期间通过适当的体育锻炼、合理健康的饮食和生活习惯来充分提高各项身体素质。

二、体育锻炼与心理健康

国内外关于心理健康的研究涉及面比较广泛。所谓心理健康,是指心理的各个方面及活动过程处于一种良好或正常的状态。美国心理学家马斯洛和米特尔曼提出经典的心理健康十项标准:充分的安全感;充分了解自己,并对自己的能力作适当的评估;生活的目标切合实际;与现实的环境保持接触;能保持人格的完整与和谐;具有从经验中学习的能力;能保持良好的人际关系;适度的情绪表达与控制;在不违背社会规范的前提下,对个人的基本需求做恰当的满足;在集体要求的前提下,较好地发挥自己的个性。这十项标准从宏观角度对心理健康进行了描述。国内主要研究成果包括:体育锻炼可增强或提高学习成绩、做事和决定果断性、信心和情绪的稳定性与独立性、智力水平和工作效率等[1];体育锻炼可以增强或提高唤醒水平,

---

[1] 金玉子.吉林省大学生身体素质差异研究[J].阜阳师范学院学报(自然科学版),2014(4):84-86,103.

降低应激反应,改善情绪状态,提高智力功能,确立良好的自我概念,培养坚强的意志品质,消除疲劳,治疗心理疾病❶;参加体育锻炼有助于中学生消除疲劳,减缓紧张、愤怒、抑郁、慌乱,增强自尊感,提高心理健康水平;体育锻炼能够降低应激反应,调节情绪,增进心理健康,预防和治疗疾病;体育锻炼可以调节情绪,强化自我概念和自尊,降低应激反应水平,消除疲劳,从而促进人的心理健康等。

流行病学利用元分析的方法从微观角度对心理健康的标准进行了定量的分析和研究,主要包括焦虑、抑郁、应激反应、心境、自尊、情绪等功能。

(一)大量的研究表明体育锻炼与缓解焦虑有关

有研究者通过对实验组(慢跑)和对照组(不进行体育活动)进行比较,研究的结果表明,实验组在紧张、焦虑和特质焦虑状态表现上均显著低于对照组,而且该效果在实验结束后的3个月内也保持得较好。国际上关于体育锻炼与缓解焦虑的元分析至少有6项,所有用于元分析的原创研究都认为体育锻炼与缓解焦虑显著相关。❷ 另有研究表明,体育锻炼对焦虑的缓解与锻炼的强度和时间有关,1960—1992年的研究表明短期和长期体育锻炼与焦虑缓解存在低到中度相关关系。❸ 有研究者对1989年以来发表的35项长期体育锻炼和23项短期体育锻炼进行了汇总研究,研究表明状态焦虑与物质焦虑的缓解效应,效果量从小到中不等,有氧锻炼持续时间不少于10周时,体育锻炼的焦虑缓解效应更为明显,如果持续15周以上,效果会更好,20分钟阻力训练后,被试的焦虑水平降低,然而减轻焦虑的效果

---

❶ 王伟杰.儿童青少年身体素质敏感期的变化特点[D].北京:北京体育大学,2015.

❷ LONG B C. Aerobic conditioning and stress reduction: Participation or conditioning? [D]. Human Movement Science, 1983(2):171-186.

❸ 中国体育科学学会.体育科学研究现状与展望[J].中国体育科学学会,2004(10):158.

依赖于训练强度。❶ 同时,使体育锻炼的强度和持续时间系统地发生变化,对于体质中等的大学生来讲,中等运动量(即 15 分钟和 30 分钟高强度锻炼,以及 30 分钟和 45 分钟低强度锻炼)比这个运动量范围之外的运动量(即 15 分钟低强度锻炼和 45 分钟高强度锻炼)获得了更强的焦虑缓解效应。❷ 运动项目和运动强度对中小学生心理健康水平的影响存在明显的年龄差异,即小学生适宜采用中、低强度以及运动技能较为简单的运动项目进行体育锻炼,高强度锻炼对促进小学生的心理健康无益;中学生则适宜参与高度、中强度以及技能相对复杂项目的锻炼,从而揭示了中小学生在进行不同运动项目以及不同运动强度的体育锻炼后,将产生不同的体育锻炼心理感觉。参加适宜的体育锻炼能获得较多的运动愉悦感,运动愉悦感的获得有益于中小学生的心理健康等。

(二)体育锻炼可以降低抑郁水平

关于体育锻炼与抑郁的研究早在 20 世纪初期就已经开始并取得了一定成果,相关的元分析至少有 5 项,采用不同抑郁量表进行的研究一致表明长期和短期的体育锻炼都与抑郁水平的显著降低有关。North 分析了 1969—1989 年进行的 80 项有关体育锻炼对抑郁的控制作用的研究,并得出以下结论:一次性体育锻炼和长期的体育锻炼均能有效地降低抑郁,这种作用在需要得到特殊心理照顾的被试身上体现得最为明显;体育锻炼既可以降低特质性抑郁,也可以降低状态性抑郁水平,既可以降低正常人的抑郁水平,也可以降低精神病患者的抑郁水平;有氧锻炼和无氧锻炼均可以降低抑郁水平;体育锻炼的持续时间和频率与抑郁水平的降低程度有关;体育锻炼比放松练习和其他愉快活动能更有效地降低抑郁水平;体育锻炼与心理治疗相结合比单纯进行体育锻炼能更有效地降低抑郁

---

❶ LANDERS D M ,PETRUZZELLO S J. Physical active, fitness, and anxiety[J]. 1994.
❷ STEPHENS T,Physical Activity:Fitness. and Health[J]. Human Kinetics,1994.

水平等❶。

(三)体育锻炼可以缓冲应激反应

体育锻炼或者作为一种应对策略发挥作用,或者是一种预防措施,使人们面对心理社会应激刺激的侵袭时,其反应更加有效;体育锻炼可以通过缩短自主性恢复的时间,提供一个更为有效的系统来应对心理社会应激。作为一种预防措施,锻炼的次数可能与心理社会应激重复出现的次数类似,这些锻炼次数可能会使个体通过处理应激增强生理和心理的适应能力,从而有助于"坚强"人格的发展。

(四)体育锻炼可以改善消极心境

2000年完成的一项"体育锻炼与中老年人的心境状态(年龄<65岁)"的元分析结果表明,体育锻炼与中老年人的积极心境明显增加和消极心境的明显减少有关。一项对61名高中生的实验研究表明,在接受应激刺激后将被试随机分为体育锻炼组和文学阅读组分别进行实验干预,文学阅读组的应激反应水平没有任何改善,体育锻炼组的应激反应水平则有明显下降,其心境状态有显著改善。

(五)体育锻炼可以提高自尊水平

身体活动(身体锻炼)可以促使身体自我观念或自尊分数提高,提高的范围是小到中等程度。实验和对照组的研究表明:心理自我良好感与运动有正相关关系,积极参与身体活动者比不运动者的自我感受和评价更积极,其中女子的相关程度较男子更高。临床医学研究表明:16周有氧锻炼训练计划完成后,较高抑郁水平的被试明显有更高的自尊分数,并且自尊改善情况大致与医疗条件或二者混合条件下相同。

(六)体育锻炼可以改善和调节情绪

有关体育锻炼与情绪关系的研究结果表明,大多数研究证明体

---

❶ 株琼,高铭鼎.社会体育指导员培训教材[M].天津:天津人民出版社,1995.

育锻炼对情绪的改善有积极的作用。进一步研究表明,很多体育活动,如慢跑、有氧体操、游泳、健美训练、瑜伽功、帆船运动、放松训练等均有改善情绪的作用。体育锻炼为人们提供了一个机会,使他们能够分散对自己的忧虑和挫折的注意力,这种对注意力的有效转移可以达到调节情绪的目的,从而有利于锻炼者的心理健康。❶

三、体育锻炼与社会健康

社会健康也称为社会适应性,指个体与他人及社会环境相互作用,并具有良好的人际关系和实现社会角色的能力。体育锻炼一方面可以促进个体的健康,增进个体的自信心,同时由于许多体育运动项目以户外运动为主,这样就增加了锻炼者到大自然中或公共空间的概率,久而久之,无形中就形成了一个以体育锻炼为主体成员的社交群体,例如经常一起打球的"球友",一起跑步的"跑友"等。此外,由于这些参加体育锻炼的人员大多是以兴趣爱好聚集在一起的,相对而言,其聚集目标更单纯,所以也更牢固。正是由于这种体育锻炼形成的社会交往群体,其目的相对单纯,其交往更具有针对性和专门性,相对于复杂的人际关系,这种具有针对性和专门性的关系能够保持得更长久,也更有利于深层次的社会交往的形成。同时,这种社会交往反过来也进一步激发了体育锻炼者的参与热情与兴趣,从而使这种社会交往呈现出积极、健康的交往态势。

研究表明,体育锻炼对社会健康具有促进和增强作用,如体育锻炼不仅可以促进人的社会健康,还有助于人际交往、培养合作精神和形成竞争意识。体育锻炼可以增加社会交往,使个体与社会交往的需要得到满足,丰富和发展人们的社会生活方式,从而促进人们的社会健康。体育锻炼能协调人际关系,扩大人的社会交往范围,提高人的社会适应能力,从而促进人的社会健康。

---

❶ 中国体育科学学会.体育科学研究现状与展望[J].中国体育科学学会,2004:176.

综上所述,科学适当的体育锻炼对人的生理、心理和社会健康都有积极的作用,从而对改善人的体质具有综合作用。

四、人类体质发展的意义探索

对人类体质的发展、分类、影响因素等分析的目的在于探讨人类不同种族体质演变的规律,正视不同种族的体质差异,正确认识当前人类体质存在的问题,为今后的研究提供参考。

体质的成因主要取决于遗传和环境两方面,遗传决定了先天体质的好坏,环境决定了体质的现实性和可调性。生产和生活方式是决定体质强弱的基本因素,身体锻炼是增强体质的积极有效途径,对提高体质水平具有可靠的作用。另外,身体素质发展有其敏感期,所以应当抓住儿童青少年时期可塑性强的黄金时期,通过积极的运动锻炼提高其体质健康水平。体育锻炼是改善体质的积极有效途径,但不是唯一途径,健康膳食、生活规律、心理平衡、戒烟限酒等一样重要。

体育锻炼是增强体质的积极有效途径,对提高体质水平确有可靠的作用,但是不同种族各有特定的体质特征。在环境条件和训练方式大致相同的情况下,不同种族在运动能力、体能、领悟力、训练应答等方面存在明显差异。良好的体质特征是杰出运动能力获得的必要条件,决定着运动能力发展的空间。不具备特殊体质特征的人,很难在竞技运动中有所作为。我们在制定竞技体育发展规划时应当承认种族之间的体质差异,根据自身民族的体质特点发展优势项目。

总体来看,对人类体质发展的探讨有利于人们客观、科学地认识自身,避免种族歧视和种族压迫,改善人们的健康状况,从而促进社会的繁荣发展。

第四节 体育促进身体的全面发展

一、史前人类体育活动与身体发展

体育是人类社会活动的内容之一，同人类其他文化活动一样，早在远古人类文化的孕育时期，便伴随着史前人类的生产劳动和其他社会实践逐渐萌生。以现代人的眼光反观那时的身体活动，可以将其归结为体育的范畴。

生活在距今百万年前的石器时代的史前人类，出于求食和自卫的本能目的，不自觉地在生活和生产实践中学会了奔跑、跳跃、攀登、翻越、投掷等技能，这些技能就是远古先民日常生活中最经常的肢体活动。史前社会的人类面对险恶的生存环境，不仅居室简陋，而且饱受野兽侵袭和病痛折磨，出于生存的本能需要，必须最大限度地发挥自身的潜能和智慧去适应恶劣的生存环境，通过观察和逐渐积累的经验，不断制造各种生产工具，并使用这些工具从事渔猎活动。这些生产活动对他们的体能和技巧无形中提出了种种要求，他们别无选择地迎合这些要求，否则就会付出生命的代价。远古时期的先人，如果不具备一定的奔跑速度，就可能沦为猛兽的食物；如果不具备攀登、翻越的技能，就可能没有安全的栖息地；如果不具备投掷、泅水的技能，就可能觅不到填饱肚子的食物。在长年累月的日常生活中，史前人类形成了能跑善跳、耐久力强、敏捷灵活而又有力量的身体特征，也正是这些技能为人类的不断进化奠定了坚实的基础。

史前人类体育活动与身体发展的关系是相辅相成的。一方面，出于生存目的而习得的各种技能促进了身体的向好发展；另一方面，这种极其简单的、纯朴的身体活动是不自觉的身体活动，为后世人类活动打下了坚实的"物质基础"，也可以说，史前人类最初、最原始的各式各样的身体活动实质上是未来体育活动的萌芽。

二、古希腊体育的竞技身体

西方体育能够经久不衰地发展下去，更多的是借助"身体"这一体育载体表现出来，古希腊的体育总是伴随着流血、受伤甚至死亡，总体上呈现出一种独特的外显态势。

搏击运动是发端于古希腊奥林匹克运动会的一项竞技运动。这项运动的开始时间可以追溯到公元前648年第33届奥林匹克运动会，大约850年后这种比赛又被引入青少年比赛，并一直延续到公元394年。古代奥林匹克运动会的消失也就是古代搏击运动的终结。在搏击运动比赛中，搏击运动员基本上以赤手空拳的方式进行拳击或角力。比赛过程中，参赛选手一般没有保护措施，完全是徒手搏击，其中有些参赛选手会双手缠着皮条，但这个皮条并不是为了保护自己，而是为了增大杀伤力。比赛过程中没有具体的比赛规则，即使有比赛规则也是比较简单的，只是规定了不可以插对方的眼睛与击打对方的牙齿，其他动作都不限定招数，几乎可以说是"无规制的搏击"，只要能够将对方击倒就算胜利。甚至连比赛时间限制都没有，一直到其中一方没有战斗能力或认输，一个比赛轮回才结束。

可以想象，这种体育比赛完全是身体的竞技，不会借助其他器械完成比赛，竞技的双方随时都会有生命危险。这当然和古希腊时期人们的信仰有关系，他们认为这是一种最原始的健美，将身体以竞技的形式展现出来是对他们所崇拜的神灵的无比尊重，他们情愿摆脱身体的阻碍，达到自己追求的竞技水平。那时的身体完全是为竞技而生的，为了达到竞技目的，他们完全可以忽视身体的客观存在。

古希腊时代，人们为了追求高超的竞技技巧，迫切希望摆脱肉体的阻碍。柏拉图在那个时代大声呼喊："真正的哲学家，经常是最急切地要解脱灵魂。他们探索的课题，就是把灵魂和肉体分开，让灵魂脱离肉体。"为了脱离身体的限制，柏拉图不止一次地宣称"真正的哲学家一直在练习死亡"。基于该哲学思想的熏陶，我们就不难理解古希腊时代竞技身体存在的现实。身体在后世哲学家眼里成了一种陪衬,甚至只是一种象征。

三、古罗马体育的强力身体

古罗马在史学上一直被冠以"帝国"称谓,因为这个国家是以向外征服为主的,它的建国缺乏古希腊那样古老悠久的历史传统渊源,也可以说古罗马没有循序渐进的历史进程,而是一种不断外推的强权性国家,在不断地侵略征战中吞并了希腊、埃及、小亚细亚和西亚的许多国家。罗马人一直不忘记学习其他民族的先进文化来充实自己的国家。这一点可以从研究古罗马历史的著名专家蒙森的观点中得到佐证:"罗马缺乏原始时代的遗留古物,在这方面罗马与其他文明地区截然不同。人类如果在罗马境内处于文化的原始阶段,则迄今尚未发现支持这种见解的确实证据。"

古罗马帝国早期实行"全民兼兵"的制度,每位成年公民在战争时自然成为士兵,武器装备也是自己配备,统治阶级只负责组织工作。从军对于罗马人来说是一种权利,也是一种作为罗马公民的义务。国家规定这种权利和义务只有真正的罗马公民才配享有,而且受到财产资格的限制,因此,"罗马这个城市没有商业,又几乎没有工业。每个人要想发财致富,除了打劫之外,没有其他办法"。国家制度决定了早期的罗马人必须通过战争获得他们用以享乐的财富和生存的资本。在不断对外发动战争的过程中,罗马人充分表现了勇敢、顽强、凶残、好斗的性格特征,甚至为了获得利益不惜以生命为代价。孟德斯鸠在《罗马盛衰原因论》中指出,罗马因此永远是处于战争状态,而且这些战争又永远是激烈的战争。一个永远在进行战争的民族,一个以战争为政府统治原则的民族,必然会或是自我毁灭,或是战胜所有其他的民族……罗马人不战胜绝不缔结和约。生活在战争频发的背景下,罗马人逐渐构建了"全民兼兵"制,他们甚至已经达到"战争即角斗,角斗即战争"的超凡境界,将平时的角斗当作战争来对待,真正的战场也不过是一场角斗而已,因为他们深知没有角斗士的精神,就可能沦为他人或他国的战利品,也就失去了生存的根基。

角斗竞技在罗马人的日常生活和战争中都扮演着举足轻重的角色。在极少数缺少战争的和平岁月里,罗马人就用角斗在日常生活中锤炼人们的精神,用征服欲来武装角斗士的意志,也是在相对和平时期实践流血场景的最好选择,让角斗士预先感受战争的残酷。他们只有平时耳闻目睹这种战争的场景,才会在真正战争来临时奋不顾身地去拼杀。回归到身体与体育的融合视角,角斗竞技可以说是古罗马时期最流行的体育运动,而体育是借助身体来展现给世人的,古罗马人不认为角斗竞技是多么有悖人道天理的事情,只不过是锤炼意志、培养勇士的一种方法而已,认为只有在角斗竞技中磨炼出强有力的身体,才能在战争中获得胜利。基于此种竞技思维的渗透,从身体视角将该时期的体育定义为强力身体的观点自然就赢得了广泛认可。

四、现代体育对身体的理性改造

在人类改造世界的同时,世界也在改造着人类。在人类看来,身体是一种随着社会的变革而变化的客观存在,在社会通用的符号体系里,社会观念为身体制定了一个固定的位置。社会观念同时离不开社会形态,于是世界观及其有关人的定义认为身体是具有象征意义的架构。

随着现代社会的发展,身体是人主体性特征的具体承载,个体性的强烈重视及其主体理性的现代语言的广泛认同成为现代性的重要议题之一。身体在大众文化、大众媒体以及各种学科中逐渐占据重要的位置,身体的话语权不再局限于生物学、生理学和医学的范畴,而具有社会学、政治学和跨文化交流的重要属性。大众对身体的关注逐步脱离个体肉体的束缚,逐渐转入公共领域。法国人类学家毛斯指出,"身体、身体技术、社会化扭结在一起,不但在原始部落中表现出来，人类的个体社会化普遍如此。只不过因为身体与社会化之间存在着密切的相关，当人们想塑造一种理想人格、追求一种社会身份与地位时，也往往从塑造身体开始"。❶ 体育就是这样一种社会活动，在现代社会理论的框架下，塑造并理性改造着我们每个个体。从日常生活的视角看，对身体的改造是根据每个个体的生存环境"耳濡目染"形成的；从体育即身体的教育视角看，它则是以一种组织性、系统性、强制性的方式对身体进行理性改造。在体育理性改造身体的过程中，它不仅生产和再生产人的精神和道德，还以一种合法的方式向人输送思维、意识、评价和行为模式。

现代体育对身体的理性改造发端于体育对身体的社会规训。身体是体育的起点，体育的本质核心就是身体。福柯认为，"规训技术的新颖之处，在于它将整体的人体分解，对人体的运动、姿势、速度等实施细微的强制，既是权力干预肉体的训练和监视技术，又是制造知识的手段；是权力和知识的结合"。❷ 规训的目的就是使身体发挥最大的社会效率，体育正像是福柯所描述的一种身体规训活动，借助大量的重复性动作、肢解的身体训练方式、精确的姿势和速度，对身体进行特殊类型的练习。当人陶醉在体育对身体理性改造的同时，自然还会参照他人的标准来规训自己的身体，纠正自己在练习过程中的不足，以达到真正意义上的理性改造。

现代社会机器生产的普及不但促进了生产力的进步，而且将人类从艰苦的身体劳作中解放出来，给予人时间来充分认识自己的身体。体育作为身体社会化的纽带，不自觉地对身体进行理性改造。在机器与身体的相互参照中，人们逐渐意识到身体是我们最后的财富和最坚实的资本，没有比身体更实在的东西，也没有什么比身体更能证明人的存在。因此，尼采主张以身体为准绳，因为身体是比陈旧

---

❶ 毛斯.社会学与人类学[M].佘碧平,译.上海:上海译文出版社,2003.
❷ 刘北成.福柯思想肖像[M].上海:上海人民出版社,2011:284-285.

的灵魂更令人惊异的。法国哲学家马塞尔认为,"作为主体的身体是我侧身于世界的结合点。我的身体是我同世界之间的媒介。在我同一切存在物之间,有一种关系,它和把我同我的身体成为一体的那个关系是同一类型的。由于我的身体,我对万物抱有同情"。[1] 在被遗弃、被分割、被肢解、被注释、被劫持、被无数次的封禁之后,身体最终获得了解救。在这种思维的影响下,现代体育对身体的理性改造逐渐走向正轨。

五、后现代体育的身体转向

古希腊哲学家柏拉图认为,身体是灵魂回归世界(真理)的一种阻碍。到启蒙运动时期,身体仍然是被忽视的,因为身体被认为是盲目的,不利于理性地去认知。笛卡尔的二元哲学强调的是一种意识哲学、主体哲学的确立,身体却处于一种无言的漠视状态。最终发展到黑格尔的精神现象学,身体才被完全放逐出思想的领域。尼采呼吁"从身体出发",区别于把人作为一种理性的动物的传统观念,开始把人作为一种身体的存在,他被视为后现代主义的先驱。后现代主义质疑和颠覆了传统的道德理性、上帝与形而上学,身体的真正意义与价值在后现代背景下被重新发现和彰显。

随着后工业时代的到来,后现代主义也悄然走进了人们的生活。奥尼尔的《现代社会中的五种身体》(1985年)、《交流的身体》(1989年),约翰逊的《身体》(1983年),特纳的《身体与社会》(1985年)都极大地改变了传统的机械身体论,展示了身体的多元化面貌,并试图显示身体在人类社会文化生活中一直被忽视了的地位。这些理论的逐步形成在客观上应对了身体在传统概念中一直被贬低和压抑的现状。

---

[1] 司马容.体育游戏:人类生存的辩证法——现代哲学家对体育本体多维反思[J].体育与科学,1994(5):19-22.

在后现代主义视角下，人的身体既是生物人机体组织的整体，又是社会实践中的个体。身体作为一种独特的文化形态，伴随着人类的发展而发展。尼采指出只有身体的存在才是人真正存在的标志，身体比意识更丰富、更清晰，人们所获得的真理全部来源于身体，身体才是人类所有文明的原动力，极力主张释放被精神束缚的身体，倾听健康身体的声音，回归本源意义上的身体，过真人的生活。在他的大力呼吁，以及后来的德勒兹、福柯等身体力行地推动下，人们的身体意识逐渐开始复苏，身体冥冥之中流动着的欲望被逐渐激发出来，人们对千百年来饱受精神摧残并且承载着各种社会烙印的身体有了重新的认识，追求身体的知觉和快感逐渐取代了理性的思考，身体的欲望重新成为被社会关注的重心。在以反理性为典型特征的后现代主义思潮的浸润下，被理性压抑太久的身体获得了解放，身体文化也随之急速扩张，体育本身与身体文化就交织在一起。后现代主义体育中的身体也必然摒弃以往束缚身体发展的种种限制，为了满足感官的需要，体育中身体变身为高速运转的机器，驱使着人们追求身体的快感、新奇、暴力等。

体育的发展总是离不开身体这一物质载体，身体文化和体育文化与生俱来就有着千丝万缕的联系，身体文化的新思想和新观念必然影响体育活动的价值观和行为。通俗来讲，后现代主义就是价值观变得更多元、更丰富。在消费主义的推动下，后现代身体文化逐渐渗透到日常生活的每个角落，与日常生活关系密切的体育活动也受到了巨大的影响。"以人为本"的体育价值观促进了体育活动中个人自我意识的发展，后现代身体文化对身体本身的关注激发了个体的身体自我意识。在后现代身体文化的影响下，人们在体育活动中更注重自身身体的感受和表达，通过体育活动来满足身体的需求以及利用身体来满足其他的需求已经成为体育行为的主要动因。

体育中身体的转向诉求于健康的获得。在后现代主义特别是尼采的身体哲学的感召下，人们开始关注和呵护身体，拥有强健的身躯成了人们追求的目标,因为要获得更多的自由并从身体中获得愉快的体验,只有借助健康的身体才能实现。数千年的历史经验告诉我们,体育是应对身体技能退化的有效方法,也是维持身体健康的最好方法,没有健康的身体,有再多的金钱、服用再高级的保健品都是无意义的。持之以恒地进行体育锻炼,才是保证健康长寿的有效手段。

体育中身体的转向依赖感官的刺激。后现代身体文化是审美的文化,个体在参与体育锻炼的过程中,逐渐塑造了健美的身体,以满足他者对身体的视觉审美要求。同时人们通过观看体育表演,在各式各样的身体活动中发现了身体的力量与美感,逐步使自己的感官得到满足。如一些拳击类项目的流行,说明一些人希望从体育运动中获得更大的感官刺激。

体育中身体的转向借助情感的宣泄。符号的意义在于建构有意义的整体,而后现代主义与其似乎相背离,其更醉心于结构符号的意义。后现代主义中对身体的关注使得长期关注文本符号的人们将注意力转向身体符号。在后现代主义的熏陶下,个体在参与体育活动的过程中构筑了不同的身体符号,以表达更多元化的意义。勇攀高峰的挑战者不仅期望获得征服自然的满足感,更期望通过这样的行为向社会传递更多的意义,以获得情感上的认同。

第五节 体育促进身体发展的哲学思考

一、体育的身体和谐论

自古以来,人类总是向往和追求"国泰民安",实质上就是人类对自身所处社会的一种期盼,是人类追求的一种理想境界和美好的生活状态。这个追求的历史过程自然囊括人类对和谐本质内涵的探寻过程。通过对大量有关"和谐论"或"和谐观"文献的梳理,在不同历史阶段有关和谐的论述不同,大体经历了抽象和谐论、具体和谐论以及发展和谐论三个阶段。本节拟在体育学范畴内,从人类得以和谐发展的哲学角度对体育促进身体发展做较为深入的剖析和解读,为体育中的身体和谐论创设良好的学术氛围。

(一)抽象和谐论是束缚体育促进身体发展的枷锁

和谐思想的产生可以追溯到人类文明的开始。在有人类活动记载的早期,自然和人类社会组织的强大力量给人往往带来的是强大的压迫和不自由,所以人类总是在探寻这种压迫和不自由的本源,其实这是哲学的本体论,认为人、自然、人类社会之间不和谐就是世界的本源。虽然处于人类发展的最低阶段,但这些哲学家一直在探寻隐藏在人类社会背后的真实本源,于是便产生了早期的抽象和谐论:"人类认为,世界有终极原因,人应当能够认识它;只要把握了这个本源,人就可以按照其规律稳定地生存、发展。和谐就是这个终极原因的本质或者说规律。和谐就是世界本源的本质特征,是这一本源本身先天就具有的,而不是事物发展过程中所产生或出现的。"这种早期的和谐论看似为人类追求和谐理想奠定了坚实的基础,但其实是无从下手、大而缥缈的"乌托邦",并没有真正揭示和谐的本质,通俗地讲就是认为人类改变不了就要去适应它,这就是一种和谐。这种和谐论虽然说是抽象的,在早期的社会中对人类社会的发展起到了一定的作用,但最终扮演的是人类社会发展的绊脚石角色。因为这种和谐论抽象到人类不可能把握它的存在,缺乏人类实践所要求的客观性和可操作性,必然成为束缚人类社会发展的枷锁。

早期体育的发展必然受到抽象和谐论的影响。早期社会,人类的生存环境是相当恶劣的,自然、人、人类社会三者中,自然占绝对主导地位,如果按照抽象和谐论的观点,在弱肉强食的自然环境下生存,如果只相信神的和谐,那人类的发展就无从谈起。真实的情况是人类为了躲避猛兽学会奔跑、为了解决温饱问题学会了狩猎和垂钓。这些人类超越自我的本能就是现代意义上原始体育的雏形。为了获得身体和自身的生存权,人们面对自身所处的环境,一方面不得不依赖于环境,另一方面又借助身体去掌控它。人们面对人类社会时,一方面依赖所生活的群体,另一方面又想方设法构筑某种和谐的"音符"。人们在面对自身时,同样表现出既认可自身的身体客观存在又设法超越自我的境况。早期的抽象和谐论在人类身体发展上最多是一种精神的信仰,是可望而不可即的理想境界,反而是原始的体育在客观上促进了身体的发展。

(二)具体和谐论是体育促进身体发展的起点

具体和谐论是和相对和谐论对立的观点,这一观点的主要贡献者是德国著名的哲学家黑格尔。他站在批判的视角挑战了抽象和谐论,以辩证的思维详细阐述了具体和谐论。他认为事物发展运动的原动力在于事物的内在矛盾,在矛盾双方的对立统一中,斗争是无条件的、绝对的,统一是有条件的、相对的,和谐是事物本质中差异面的统一,是事物存在和发展的一种状态,同时和谐也离不开调和与妥协,然而无论是调和与妥协,还是让步与服从,都是对立与统一的作用。这就是具体和谐论的核心观点。正是由于近代哲学家的不懈努力,我们才对具体和谐论有了较为清晰的认识,才能彻底摆脱抽象和谐论的困扰,进入现实世界的轨道,也正是这种辩证观点的普及大大促进了理性的和谐研究。当然,这种和谐论也有其自身的缺陷:如果说和谐是具体事物或者世界本身具有的本质特征,那么逻辑上的结果就是任何外在改变必然破坏事物或世界的和谐。

随着时代的发展,和谐论从抽象逐渐转移到具体。随着科学技术的发展,神性思想在很大程度上被破除,人们对各种神的崇拜不再那么确信无疑。人类开始将关注的重点转向了现实世界以及人类本身,由此,和谐论以新的方式被继续研究和拓展。既然开始关注现实和人类本身,身体和谐论就被提上议事日程,为我们探究体育中身体的和谐论找到了突破口。我们必须承认具体和谐论还停留在概念层次上,没有将发展的理念融入万事万物中,所以只能说具体和谐论顶多是体育促进身体发展的起点。

(三)发展和谐论是体育促进身体发展的基石

抽象和谐论与具体和谐论是不同社会历史阶段的产物,总体给人留下不切合实际的印象。通俗地理解,就是不接地气、不太符合实际需求。直到马克思和恩格斯创建马克思主义哲学,和谐论才被现代社会广泛认可,因为他们的学说更注重人与社会及自然界的和谐,将人类社会发展的终极关怀定位于"每个人"与"一切人"的和谐关系。他们在论述人、社会、自然界之间的关系时指出,"社会是人同自然界完成了的本质的统一,是自然界的真正复活,是人的实现了的自然主义和自然界地实现了的人道主义"。马克思对和谐论的论述一直全面考虑人、自然和社会三者的和谐,并以这种和谐理论为未来的共产主义社会提供了理论论证,向我们展示了"人的全面而自由的发展"的理论意蕴。这一理论的形成也成为我们研究体育中身体和谐论的基石。

马克思主义所倡导的和谐论中的本质问题还是"人"的问题,处理好"人"的问题是和谐论的本质。回过头来看,体育中"人"的问题,和体育息息相关就是人的身体,体育的主体是"人",它的主要表现形式是人的运动行为。运动关键因素就是人的身体,只有身体(这里的身体不单纯是"肉体")达到了与社会、自然界的和谐,才是马克思所倡导的和谐论。人作为生命体要妥善处理好与自然、与人类社会、与自我之间的关系。面对这些关系,人类可以有不同的表达方式:文学的、艺术的、教育的,通过身体来直接表达的只有体育,人与人之间的身体对抗可以是单人的,也可以是群体的竞争,单人的技能展现是对个人内部的理性超越,两人以上的对抗则是外向的竞争。不管是哪种身体对抗,其本质是人对自身的超越,自我竞争是超越自我,外部竞争则是对超越自我的外在评价。身体和谐论作为人的和谐论的一个重要分支,必然能够促进身体的向好发展,有了它做保证,就能促进整个社会的和谐,身体和谐在无形中扮演了社会和谐的重要角色。

二、体育的身体整体论

身体作为自我附属品的观念，意味着需要时刻跟进含蓄而隐晦的规范准则，并以此为依据不时进行调整。在当代，身体好像是多余的，特别是网络文化的飞速发展和将精神下载到电脑里的奇思妙想，使我们甚至身处与自身身体永别的假象中。但是，我们必须承认，只有身体才是人类身份的认同来源。如果没有身体为人提供面孔，人也就无所谓人，我们活着的过程就是通过人所代表的象征体系不断将世界浓缩并融入自己身体的过程。人类的存在是肉体的，我们所处的社会及文化对待肉体的方式都在讲述"人"的存在，描绘其定义及存在模式在社会变革中发生的变迁。我们不得不承认，现代对于身体的定义是社会领域个人主义化的结果，也是通过环环相扣的对应体系在身体与集体、宇宙之间建立起来的连带关系断裂的后果。实际上，身体作为宇宙的缩影，与大自然各种元素紧密相连的思想由来已久。对美拉尼西亚人来说，人的躯体效仿植物界，作为浩瀚宇宙的一分子，与植物纵横交错在一种互联体系中，与世界的身体交互各自的构成部分，身体仿佛另一种植物，而植物犹如身体外在的一种形态，这两大领域之间并无明显可辨的界限。

人作为整体论社会里的主要对象，面对多变的世界秩序，个体间密切相关，世界也从来不是固定不变。个体仅仅是化身为肉体的一种存在，在肉体和自我之间又不可能划定任何间隔。"我"就在"我自己"的身体里，"我"并不能离开"我自己"的身体。可以说，身体的整体论是现代意义的观点，是对以往"灵肉分离"论的反驳，引申到体育视角分析这一论调也有其实际价值。在整体论中，学界认为在社会中没有人的存在不是真正意义上的社会，人是不可分割的，身体更不能作为被分裂的对象。人之所以能够融入宇宙、大自然和群体中，首先是人类似于动植物有肉体的存在，这个肉体的人就是个人。身体的形象就是个人的形象，让我们在整体论中找到了自己的位置，哪怕自己类似于浩瀚宇宙中的一粒尘埃,最起码可以证明自身的存在,前提是自己有身体的存在。体育是一种人类产生伊始就有的社会活动,在人类生存的不同历史阶段都能探寻到人类参与体育的点滴记录。体育活动的主要载体就是我们的身体,只有身体健康存在,人才能扮演浩瀚宇宙中那一粒"尘埃"。我们已经从生理学、解剖学、生物化学等学科的角度找到体育促进身体发展的有力明证,身体的健康程度是个人融入宇宙、大自然和群体的先决条件,所以体育中身体的整体论可以理解为:体育可以促进身体的健康发展,有健康身体的个体才是整体论视域下的一分子,才能在浩瀚的宇宙中扮演那粒"尘埃",以自身不可限量的主观能动性来推动整个社会的进步,进而实现人的全面而自由的发展,所以我们永远不要忘记体育在哲学整体论中的应有价值。

三、体育的身体物质论

论及体育中身体的物质论,按照逻辑关系,研究者应该先厘清物质论是什么,这样才能更深入地研究身体物质论是什么,进而廓清体育视角下的身体物质论的内涵。哲学中的物质论是一个逐步成熟的理论观点,认为人类对世界和自身的认识经历了漫长的历史过程,从自然物质论到原子物质论再到现在普遍认可的哲学物质论,才形成了人们对世界本质认识的第一个哲学范畴。哲学范畴的形成是物质观理论发展的重要理论成就。

回顾人类的发展史,物质论的哲学一直贯穿其中。古代朴素唯物主义通过对人自身和周围世界的把握形成了朴素直观的物质论。西方世界和东方世界都产生过以典型的自然事物为依据解释世界本质的理论。古代朴素唯物主义认为,物质就是生活中可以接触到的某一实物或若干事物。亚里士多德认为物质是由一切物构成的东西,一切物从那个最初的东西中产生,并且归根到底要受到破坏,而其中的质被自然保存下来,且按自己的特性变化着,这就是物的本质。在古希腊的哲学体系范畴内,物质被理解为更具体的东西,常常指生活中的水、火、空气、原子等。中国古代的金、木、水、火、土"五行说",还有印度哲学中的地、火、水、风等均属于那时物质的范畴。用现代关于世界物质论的观点去理解以前的物质观,我们认为,它们只是日常思维的产物而已,关于物质的说明还达不到哲学的深度。

恩格斯对日常的实物和哲学物质论有明确的说明,"物、物质无非是各种物的总和,而这个概念就是从这一总和中抽象出来的,运动无非是一切感官可感知的运动形式的总和;'物质'和'运动'这样的词无非是简称,我们就用这种简称把感官可感知的许多不同的事物依照其共同的属性概括起来"。恩格斯这一关于物质的说明指出了具体实物和哲学物质是个别和一般的关系。哲学上的物质反映的是各种具体事物的一般性质,而不是事物的集合体,也不是事物的组成结构成分,这就形成了马克思主义哲学物质观的思想前提。在马克思主义物质论的基础上,列宁对此有了更进一步的推进,从物质和意识的关系角度进行了具体分析,"物质是'标志客观实在的哲学范畴,这种客观实在是人通过感觉感知的,它不依赖于我们的感觉而存在,为我们感觉所复写、摄影、反映'"。列宁将物质理解为不以人的意志为转移的论断,摆脱了物质的具体形态和物质结构论,从科学抽象的高度,抓住了事物的共同本质,也抓住了世界观问题的根本点,为我们探讨身体物质论找到了立足点。

按照物质论个别与一般的观点来看待身体,身体是物质论中个别的物质。身体首先是以一种生物性的方式存在的,是一种生物有机体,身体的生理基础是身体存在的明证。具有物质性是身体作为现实细胞组织化的生物性物质实体、细胞组织的集合体、物质的生物体的自然属性。基础性则是指身体是承载权利能力与行为能力、行使法律赋予的各项权利、实现人生价值和社会价值的物质性基础,这是身体的本质特征。同时,身体也是一种物质性的构成,因为身体要进行新陈代谢,要与外界进行能量交换,这些行动本身就是一种基础性的物质行动。因此,我们在对身体的物质基础进行考察时,必须明白身体的物质基础是人得以生存的基本保证,同时也是身体立于这个世界的基本条件。正因如此,人拥有身体,同时人也是身体本身。人拥有需要满足自身物质需求(需要食物、休息和住所)的身体,这关乎身体的健康、体形以及面貌,经常是困扰人的原因。人们必须将自己的身体作为一个客观的对象去审视、装饰、规划和控制。人们在这个世界上的存在都是基于身体化的这种状态,虽然知道自己最终的命运是衰老和死亡。体育活动的开展必然借助身体的物质存在,只不过这种物质存在是个别的,但也属于身体物质论的范畴。体育锻炼可以增进身体的健康,会使身体更具有物质性,更能体现身体物质论的主要内容,也从一定程度上奠定了物质论的科学基础,因为对一般人来说,在体育中这种显而易见的个别身体是最可以感知到的运动形式。

四、体育的身体独立论

身体的独立性是指人的身体是不可替代的,也是不可重复的,没有一个人的身体是两样的存在,每个人的身体几乎都是以独立的个体存在的,这就是身体的独立性的前提。即使是连体婴儿也可以说在日常生活中会形成不一样的情感和体验,虽然他们的身体是连在一起的。身体表现为一种集体实践,人们或许对这种实践有一定的控制权。在历经孩童的整个社会化的过程中,所有人都获得了某种基本的身体技术,它可以表现、支撑和再生产时空中的身体。

在这样的身体历程中,我们看到了什么?我们看到了人的身体的唯一性,亦即不可替代和不可重复。正是身体的唯一性建立了自我与他者的关系。任何一个他者都是不同的、有差异的、神秘的。自我与他者关系的不同形态也是以身体的不同关系表达出来的。日常生活中,人与人之间的握手、拥抱、亲吻、爱抚等就是如此。但在所有身体关系中,男女身体的交往是自我与他者关系的最大敞开,一方面是差异的,另一方面是同一的。一个人的确定首先是以身体的确立为基础的。身体独立性建立在一个人是一个活的生物体上,可以自由运动。这些都是身体作为独立个体的全部外部表现。身体的独立性还表现在人们只拥有身体,而且身体对自己而言具有双重意象:其一,"我"是身体,这是身体的主体性;其二,"我"拥有身体,其中暗含身体具有客体性因素。

五、体育的身体理性论

哲学中身体理性论的代表人物是法国哲学家笛卡尔。笛卡尔认为人的肉体和精神是两个完全对立的实体。这是一种极端的二元论观点,在哲学的发展史上左右着那个时代的身体哲学。笛卡尔认为精神和肉体是相互排斥的,肉体处于被动的从属地位,精神是主动、自由的。对于人而言,身体就是一台机器,身体的运行也正如自动化的机器。笛卡尔只关注发现真理的方法,认为理性有能力把握确实的知识,当然思维会受到器官的干扰。他相信主体的实质性标记就是理性,而不是感性的身体。

在理性主义时代,身体被视为一个感性事实,这与强调理性的时代精神是格格不入的。后期的哲学家黑格尔应用唯心主义思想将理性哲学推上顶峰,这时的人被抽象为意识和精神,身体在那时的哲学范围内就更没有地位可言,身体被当作动物性而遭受莫名的唾弃,所以形而上学从来不把身体看作人的本质。在那样的哲学传统观里,身体往往被理性所规定,人就是理性论范畴内的一种动物,是身体和思想的统一体。人主要被描述为肉体和精神的二元性。肉体是人的动物性,是动物就只有欲望和冲动,动物在社会发展中的地位是不言而喻的。那时的精神就是人的理性,它作为思想的最高要素,是原则的能力,建立根据和说明根据。

受到笛卡尔身心二元论和柏拉图禁欲哲学的影响,有学者可能会认为那时的体育不具有促进身体发展的作用,我们也不得不承认这种哲学思想有阻碍身体发展的嫌疑。但从人类发展的历史长河来看,客观分析这一理性哲学,还是有其价值的。柏拉图在《蒂迈欧篇》中明确地把灵魂和身体说成是两种存在:"专门具有理智的存在的东西,是灵魂这一不可见的东西,而火、水、土、气都是可见的形体。"这种观点认为灵魂是独立于身体而存在的,而不是附着在身体上的性质和能力,他提出灵魂是运动的原动力,身体只是一具类似于火、土等的形体而已,只有灵魂才能运动。他所论述的人不是灵魂和身体的结合,而是利用身体达到一定的灵魂,这里的灵魂就是前文所提到的理性哲学的范畴。在具体论及体育促进身体发展方面,他认为体育中任何技能的习得并不都是为了身体本身,而只是为它的对象服务而已,因而体育在促进身体的发展方面并不是为了身体本身,而是为了通过体育培养人良好的意志和心灵,从而促进人的全面发展,进而实现人格的完善和理想的社会。

体育中的身体理性论对促进身体的全面发展是有重要价值的,其与以往的哲学论相比有其弊端所在,但我们也不能否定它对身体发展的积极性。个体在参与体育活动的过程中,不畏艰辛地锻炼身体,不只是为了塑造完美的体形和强健的身体,更重要的是锻炼心灵的激情部分。一般人参与锻炼,除了注意自身技术外,可能重点考虑的是如何使自己的力气更大一些、臂膀更粗壮一些,而身体理性论认为单凭一个好的身体,不一定能够造就好的心灵和品格,相反,如果有了好的心灵和品格,必然能使天赋的身体达到更好的状态。因此,如果体育活动离开了身体理性论所提倡的美好心灵和品格的要求,就没有什么价值,也就不可能促进身体的健康发展。所以,在理性论视角下去理解体育中的身体,在现代看来也是有其价值的。身体健康不一定心灵健康,我们应该把体育锻炼的目标更多地放在心灵和品格的塑造上,进而协调身体。

六、体育的身体实在论

"实在"一词看似简单,但它是哲学大厦得以维系的根基。对"实在"的不同理解而引发的实在论伴随着岁月的更替已经跨越了20多个世纪。现在看来,它仍然是一个非常古老的哲学概念和经久不衰的哲学辩题。

实在论和理性论是相对的,二者在争论中共存,在发展中完善。实在论认为对象的存在是独立于人类心灵和认识的。赫拉克利特、泰勒斯和亚里士多德等唯物主义把"实在"理解为物质之物,柏拉图等则用理性论将"实在"理解为精神之物。在身体哲学的领域内,也有两种理论的争论。但进入近代,身体实在论逐渐占领理论的制高点,被众多学者认可。他们规定人的身体不再是理性,而是实在或生命,在实在和理性的关系上,实在是更本源和更基础的。因此,我们可以说是实在决定了理性,而不是理性决定实在。基于此种观点的普及,身体也就获得了新的内涵。马克思主义哲学认为身体是衣食住行等,它推进了物质生产和人自身的再生产。尼采哲学所理解的"身体"是"生命力"的同义词,并且在与灵魂的关系中批判并颠覆了柏拉图主义和基督教思想的传统而成为哲学的中心思想和内涵。海德格尔哲学认为身体是在天地人神的世界中逐步形成的,是关于人居住在此大地上的存在方式。我们从近现代哲学家的论述中可以比较清晰地厘清身体实在论的意义,一方面实在论赋予身体非常重要的意义,另一方面身体也给予实在论独特的形态。实在不再是抽象的、一般的概念,而是具有肉身性,富有生命力的冲动。

对于身体的思考,尼采的思想是所有哲学中最卓越的。他颠覆了灵魂主宰身体的传统理性论,切实突出了实在身体的核心地位,使之逐步成为近代哲学的中心和思想的主要依赖。在漫长的理性和主体哲学之后,强调从身体出发来审视世界。而不断生成的世界正是身体的透视性解释,是生命力意志的作品。尼采说身体才是真正的大理性,前文所提到的理性论只是附着在身体上的小灵魂。人在实在论的范畴内主要体现的是身体,而理性论范畴内的心灵、灵魂和思想不过是肉体所派生出的表层而已,是肉体的工具。尼采拒绝了理性论形而上学的定义,提出人们要以身体为准绳,认为人们处于意识该收敛自己的时刻。人相对于整个世界来说,首先是一个身体和动物性的存在,所谓的理性只是这个身体上的附着物。20世纪以来,弗洛伊德、胡塞尔、德勒兹等哲学家关于身体实在论的相关论断,对尼采的身体哲学有了进一步的丰富和发展,引导人们在思考主体的形成过程中重视身体的客观存在。由此,身体跳出了意识长期以来的操纵和摆布,成为主动的而且是唯一的解释性力量。身体完全可以自我做主,根据它自身的力量竞技从各个角度对世界做出解释、估计和透视。

第六节 体育促进身体发展的文化学考察

目前,我们对身体的研究还处于一个初始阶段,还没有一个较为全面的文化学分类,大多是西方身体研究学者在各自研究领域内对身体进行的分类,这种分类有助于我们从多个角度来审视身体。因此,我们将这些研究者的身体分类进行归纳综合,并给出我们的分类方法和理论。

一、体育的本质是身体的运动

体育中的身体哲学的思考,对于更深入地揭示体育本质是有现实意义的。笛卡尔的身心二元论告诉我们,身体是一个具有广延性的实体,灵魂是一个思考着的实体,灵魂的本质在于对物质世界的思维,而身体则不能思维。他的思想对于体育的意义有两点:一是身心分离学说给现代体育教育留出了发展空间,强调心之主体对身之客体的优先和主导地位,激发和引导了后来思想家、教育家对体育的认识和实践;二是他所提倡的主体性原则决定了身体与灵魂相比只能是低等的,而且处于受控制、被压迫的地位,这恰恰为后世研究体育运动做了良好的思想铺垫。灵魂学说自然交给神学研究,地位低的身体则交给自然科学研究。身体演变成和其他自然物体一样的具有物质性的内容,自然科学可以对其任意地开发和利用,直接促进了现代运动训练和运动成绩的突飞猛进。可以说笛卡尔的身心二元论为我们更深刻地理解体育的本质提供了较好的思想土壤,使我们在探究体育本质的时候可以回归到身体上来。

在现代思想中,身体被认为不仅是世界上的一个物体,更是"我"与世界联系的手段。所以说,体育运动的本质就是身体的运动,可以将体育理解为通过身体进行的教育。早期人类在豺狼虎豹出没的时代能否生存下去,很大程度上取决于人是否比动物跑得更快、跳得更远更高,以及生存的个体是否具备在生活中的各种基本活动能力。具备这些能力的个体就能在当时的环境下生存下来,这些能力突出的个体就会受到社会的尊重。如果把这种原始生存技能归结为原始体育的范畴的话,那么当时体育的本质就是身体的运动。在人类社会后期的发展中,个体在参与社会生活中的某些基本能力和基本技能逐渐从大社会中独立出来,在一定时间和空间范围内进行专门的练习和训练。体育在人的生活世界和意义世界中始终基于人自身的基本能力和生活的基本技能而存在。

要解决体育的本质问题是身体的运动问题,研究者应该持续不断地追问"在生活世界中体育到底是干什么的""人们用体育来干什么"等问题。只有彻底明晰了这些问题,才能为"体育的本质是身体运动"找到强有力的明证。我们首先要弄清楚社会生活中哪些活动可以算作体育,其次要弄清楚这些所谓的体育是不是与身体运动相关。如果二者同时具备,那么就可以说明体育的本质是身体的运动。按照坦布尔的理解,"一个动作行为是否是体育至少要有3个决定因素:一是要有具有活动意向性的人,必须是有意识、主动赋予活动以体育意义的人;二是意向的对象,提供抓、投、跳的对象;三是活动方式,体现一定时空关系的活动方式,如跳高、跳远或者同步跳、定时跳等"。[1] 按照这种理论逻辑理解体育范畴的话,那体育运动的范畴就

---

[1] TAMBOER J W L. Sport and motor actions[J]. Journal of the Philosophy of Sport, 1992:156-178.

不断扩大,随着人们生活世界的变化,反映身体基本活动能力和技能的形式也就不断多样化,而且体育的形式才能更高级、更复杂。可以说,只要身体存在时间和空间上的变化,就可以归结为体育活动,甚至我们日常生活中驾驶汽车、操作电脑也可以理解为体育活动。

目前,全世界对体育的认识较为博杂,日本学者前川峰雄指出,体育是通过可视为手段或媒介的身体活动进行的教育;美国学者布拟尔认为,体育是以身体活动为媒介,培养在身体、精神、情操等方面与社会相适应的公民;《韦氏大辞典》对体育的定义是,体育是整个教育的一个方面,它采用活动和有关经验从心理上、体力上、道德上、精神上和社会上来使个人充分发展,使他成为国家和世界上的一个有用的公民;人类学家毛斯也曾经提出,人首要和最自然的技术对象与技术手段就是他的身体。❶❷ 现实生活中我们所有的体育活动的最终承担者都是身体,可以说身体是体育最初和最终的执行者和实践者。

二、体育中的感性身体与理性身体

(一)神学至上的感性身体在体育中形成

荷马时代的人类像襁褓里的婴儿,睁大眼睛,对世界充满好奇,所有世界的景物都是鲜活的,充满了动感。这时候的人类,其分辨能力还很低,理解不了这个世界的变化,只能用自己编织的神话故事来解释身边发生的事物。可以说神话是人对自身的初级知觉认识,而且也是一种变形、扭曲了的感性认知,人们依据当时的认识水平来解释世界万物。虽然今天我们看起来这种解释如此稚嫩,但却是当时人类思想所能达到的最高峰。在《伊利亚特》里,神并不能完全主宰人的命运,而且神与人一样也有七情六欲,甚至有生老病死。这些都反映了当时古希腊人的身体认知观。

---

❶ 韩丹.论体育源起和体育概念的源流演变[J].哈尔滨体育学院学报,2016(4):1-9.
❷ 吴杜娟,周喜业.我国体育本质研究综述[J].体育研究与教育,2012(S2):40-42.

从现代发现的宙斯神庙的各种雕像和著名雕塑家米隆的《掷铁饼者》、波里克利特的《持矛者》或其他希腊艺术作品中,我们往往很难区分哪个是神、哪个是人。只不过也许神的形象更加高大、威严一些,但阿波罗、赫耳墨斯、阿芙洛狄特等的雕像,不过是希腊美少年和少女在艺术中的反映而已,与凡人没有本质区别。

古希腊的神不仅与人同形,而且在性情上与人也有许多相似之处。神像人一样,有男有女,他们一样要结婚,繁衍后代。在古希腊人的神灵世界里,就像在人间的大家庭里一样。更有意思的是,在人与神的战争中,神也会被人打伤,伤口会像人一样流血,完全没有东方神灵中的那种无所不能的本领。

在古希腊神灵中同样有着类似人类的社会组织结构。天父宙斯虽然权威高出众神,但也不是全知全能的,他也只能管辖天界,而且管辖天界也不是自己挑选的,而是在瓜分宇宙时,自己抽签抽中的,对于由波塞冬管辖的海洋和哈得斯管辖的冥界,几乎无权干预。当他的情人被天后赫拉追得无处躲藏时,宙斯也只能暗中相助,不敢公开相帮。古希腊神灵的分工也和人间相同,一旦越出自己的管辖区域,神灵也便失去了能力。更有意思的是,每当神灵有大事要决定时,总是要召开大会讨论。特洛伊的陷落、奥德修斯的返乡,都是在诸神大会上决定的,其差别仅仅是下发各种条文。可以说古希腊的神灵世界实质上是人间世界的翻版。

正是由于古希腊神灵的这些特性,古希腊人认为人的各种健美的体育运动会赢得神的欢心,会打动神。为了庆祝诸神的节日,古希腊人会举行各种各样的庆典。在庆典上,除了祭祀、祈祷、宴会外,最主要的就是体育和文艺表演,为神灵提供各种娱乐,达到娱乐神灵的目的。从这些神话故事中,我们可以看出古希腊人特别重视身体的感性认知。

(二)身心二元分离的理性身体在体育中形成

相对于古希腊人对身体的狂热崇拜,古希腊三圣之一的柏拉图却对身体进行了猛烈的抨击。柏拉图认为身体对于知识、智能、真理、正义和美德来说是一个不可信赖的因素,甚至是获得它们的障碍,因为充满欲望、本能、烦恼、疾病、恐惧和冲动的身体总是不停地在打扰或破坏灵魂的思考和宁静。因此,人类要想获得知识,需要尽量不和肉体交往,不沾染肉体的情欲,保持自身的纯洁,否则"一个人的心灵一旦被激情完全控制,他的生活就会变得铺张浪费、纵情酒色和放荡不羁"。这种精神的异化导致几千年来哲学、神学、科学、理性和由此形成的各种人生观、价值观、伦理观、意识形态,除了把身体作为一个无限索取和投资的对象外,都是对其施以压制、奴役、摧残和迫害。它不仅制造了身体和精神的分离与对立,否定了人的意志、欲望等非理性因素在认识世界和驾驭人类行为中的重要价值,而且日益加强了精神对身体的统治,把身体排斥在真理、道德和审美之外,使身体完全充当一种从属角色。

亚里士多德明确指出,体育有助于"培养人的勇敢","勇敢"是诸多品质教育中最重要的内容。勇敢必须依靠体育,而依靠体育就离不开人们对人体及其力量的观察与思考。亚里士多德指出:"如若(身体)状况良好是指肌肉的结实,那么,状况不佳必定是指肌肉的衰弱。要造成良好的身体,就在于使肌肉结实。"

亚里士多德的体育观念来源于他对人的肉体与心智结构的观察。他指出:"对我们来说,理性和欲望是自然本性的目的,所以,公民们的出生和习惯的培养训练都应该成为他们的行为准则。另外,由于灵魂与身体是不同的两个基本点,灵魂自身又分为非理性与理性两个部分,它们有两种相应的状态,即'情欲'和'理智'。正如身体的降生先于灵魂,非理性以同样方式先于理智。从下列事实便可知道,孩童们与生俱来地具有愤怒、愿望以及欲望,而只有当他们长大后才是灵魂方面,再是关心他们的情欲。当然关心情欲是为了理智,关心身体是为了灵魂。"所以体育必须优先。

总之,体育中理性身体的形成得益于身心二元论的学说,综合柏拉图和亚里士多德对身体的解读,理性身体的建构是相对和谐的论调,虽然在一定程度上影响了身体的自由发展,但总体上还是把握住了历史发展的脉搏。

三、体育中的生理身体和文化身体

身体是一个较为抽象的概念,特别是当前哲学界在研究身体时,更是将身体高度抽象化和象征化,身体成为一种标志物,因而缺少具体特性。哲学家在谈论身体时首先将身体不自觉地分裂为生理身体和文化身体,他们关注的重点是游离于生理身体之外的文化身体。我们在这里不做过多分解,虽然身体的形态是多种多样的,但最基本的身体只有两个,那就是生理意义上的身体和文化意义上的身体。因此,我们就将身体分为两个方面来考察:生理身体和文化身体。就身体的生成而言,身体自然包括一个生物性的存在以及一个文化性的成分在内。这种自然与文化的交杂混合是所有身体都具有的共同特质,也是它不易被限定化或单一化呈现的主要原因。这种看法几乎是所有研究身体的学者的基本立场。

我们这里提到的生理身体特指除去任何文化因子,还原人类最基本、最本真的那个躯体。而文化身体是除生理身体之外,人类与世界发生关系,并且通过它与世界进行体验,甚至与世界进行对话的文化意义上的身体。

文化身体是一个符号化的虚位概念,这一点与生理身体有着本质区别。体育文化同体育运动也不是一回事,从终极意义上来说,体育文化也是一种符号化的概念。"文化"是一个外来词,在西方,"文化"一词源于拉丁语 cultura 和 colere,包含耕作、培养、教育、发展、尊重之意。最初它指土地的开垦以及植物的栽培,后指人的身体和精神的发展与培养,特别是艺术和道德方面的能力和精神的培养,进而泛指人们生活方式、思维方式以及人们在征服自然中和自我发展中所创造的物质财富和精神财富。从这里可以看出,文化是抽象的概念,同样体育文化也是抽象的概念,但是其表现形式是非常具体的。文化身体就是体育文化最具体的表现形式,甚至可以说文化身体是体育文化的象征与标志。

文化身体的形成是一个漫长、渐进的过程。体育文化一开始并不是与体育活动相伴而生的,体育文化的确立是文化身体出现以后形成的。特别是近代机器工业的发展,使人们日渐异化为大机器生产中的一个重要部件,人日渐成为机器文明中的一个重要环节,自动化为流水线上的一道工序。工业社会使人忘掉了自己的身体,人被削减为一个机器或网络上的附属物,以一种物质的形态呈现在工业文明的橱窗中。但是任何事物都有两面性,在机器工业对身体的压制中,同时也包含将身体从艰苦繁重的体力劳动中解放出来的可能。体育文化与身体的联系日渐紧密,而在对抗机器压制的过程中,文化身体逐渐被推到对抗前台,体育文化反而隐身于其后,在各种错综复杂的关系网中调节着文化身体的平衡,于是文化身体又一次成为体育文化的象征和标志,指引着人类进入又一个新型社会。文化身体在体育范畴内又包括对抗身体、视觉身体和教化身体。对抗身体指的是在一切竞技体育活动中所进行的身体的直接对抗的文化意义上的存在形式。视觉身体是指在这个消费时代中人们热衷于观看各种运动比赛,在打破空间和时间界限之后,身体被视觉转化为一种符号化的存在形式。教化身体是指在学校体育教学当中形成的放弃自然状态的身体去接受教化身体的存在形式。

四、体育中的自为身体和自在身体

普莱斯勒将 der Leib 和 der Korper(德语)做比较,用它们表现了人体的两个维度。前者指活生生地被激发的感官身体,后者指客观的、外在的和被体制化的身体。人的这种双重性表达了人的模棱两可的肉身:个人性的和非个人性的、客观的和主观的、社会的和自然的。我们认为这是一个基本的对比,因为它准确地表明了笛卡尔式的社会学遗产的虚弱性。这种遗产只是单独地将人体看作 der Korper,而不是同时性的 der Leib 和 der Korper。在将人体看作一个客观的、非人格化的结构时,社会学潜在地将身体降至社会行为的环境条件。der Leib 可以被看作自为身体的表现,der Korper 则可被看作自在身体的表现。

按照普莱斯勒对身体维度的分类标准,可将人的身体分为活生生的肉体和社会化的身体,活生生的肉体就是自为身体的表现,而社会身体就是自在身体的表现。体育中的身体也存在自为和自在的表现,当然二者的表现是同步的,我们可以将体育中的自为身体理解为自然性,将自在身体理解为社会性。自为身体不听任世界的支配,它不是作为外部的法则去支配肉体服从,也可以理解为人的生理身体,外界对这种身体没有任何干扰,是一种理想身体。但现实中,自为身体明显是不存在的,人是社会的存在物,以身体为载体参与包括体育在内的各种社会活动,体育在与社会的广泛接触中自然造就了自在身体,只有自在身体的外延性不断扩展,才会促进身体的发展。

五、体育中的视觉身体和教化身体

视觉身体是一种实体的跨越距离的存在,这种打破空间和时间界限的存在提升了大众参与的热情,使视觉身体成为一种当前化的存在。人们热衷于观看各种运动比赛,在打破空间和时间界限之后,身体视觉符号化为一种巨大的冲击力。每个人都将视觉影响中的身体当作一个自己可以参与的身体,这个时候视觉身体演变为一种异地的活体存在。运动身体表现出的美感最大限度地冲击观看者的心理承受能力,观看比赛成为一种虚在的参与。正因如此,人们才热衷于观看各种比赛。贝尔在《资本主义文化矛盾》中一针见血地指出:"当代文化正在变成一种视觉文化,而不是一种印刷文化,这是千真万确的事实。"印刷文化不断被边缘化,快速直观的读图取代了间接又需静思的文字阅读,视觉刺激使感性消解了理性。视觉对身体的迷恋使身体文化暗合了当下都市文化的需求与认同。而最善于制造消费热点和追星狂潮的大众传媒与电子网络的推波助澜，又使身体文化当仁不让地成了读图时代的重要组成部分。身体文化作为大众文化的一种，在当代的凸显有着多方面的原因：消费主义使身体成为被消费的主体，大众传媒造成的视觉文化使身体成为商业影像的元素，后现代的泛审美化又使身体变成一种重要的审美载体。

杰姆逊指出："文化是消费社会最基本的特征，还没有一个社会像消费社会这样充满了各种符号和概念。"特别是随着体育比赛转播技术的进一步增强，人们可以在家里观赏到世界各地的体育比赛，人们坐在电视机或电脑前，或在手机上就可以观赏到优秀的体育运动比赛，体育运动员通过身体展示出来的超强力量进一步刺激了人们的观赏欲望。但是有一个事实是，视觉身体所展示的身体具有更多的符号意义或象征意义，人们在现代消费社会中追求的更多的是来自这种符号式的刺激。一件衣服本来只是用来取暖蔽体的，但是在某些品牌符号的刺激下，衣服已经成为一种象征符号，几十元的衣服和上万元的衣服在视觉层面已经发生了变化，人们在观赏服装展示时，更多的是追求其背后蕴藏的象征意味，而衣服本身的基本作用在这里已经成为一种最浅层次的需要。所有这些的产生主要一点就是，今天是一个消费时代，是一个视觉时代，是一个符号化的时代。作为代表人类力量的身体最高展示，体育运动自然就成为人们热烈追捧的对象，主要原因就是通过视觉身体成为消费时代体育兴盛的魅力之源。

因此，当前体育名人的超强人气不仅代表着人们对体育精神的一种热烈崇拜，更重要的是这些体育名人的视觉身体文化符号。而在对符号的消费中，身体自然而然地成了各种符号彰显身份的最佳展示。于是，身体经由"消费"这一手段转化为一个社会性的文化符号。在这里，身体成为被消费的主体包括两方面的含义：一是维护自身生存的健康消费，二是美化身体形象的审美消费。尤其是后者使身体文化进入审美层面而形成一种身体美学。在消费时代,消费主义一方面促使身体成为被消费主体,促成身体文化的兴起;另一方面,身体在消费的过程中,又反过来刺激着商品的生产,在"消费—生产—再消费"关系中,身体文化必然带有浓重的消费主义色彩。随着体育娱乐化的倾向、体育场馆剧场化的趋势,运动员在大众传媒的作用下也开始了角色的演员化转换。运动员在体育场馆内的体育竞技,在很大程度上不再单纯是为了输赢胜负的较量,而是融入了更多的表演成分,或者说运动员对胜利的渴望中加入了对观众的征服色彩,胜利不仅是实力的体现、荣誉的象征,更成了征服观众的手段。

身体文化之所以成为一种美学,其基本前提在于"健康"。对身体内在健康的呼唤与追求是当前身体文化在人类自身生存方面的表现。尤其是在现代化进程较快的大都市,交通的拥挤、空气的污浊、水质的污染、快速的生活节奏、高强度的工作负荷使人们在享受物质文明高度发展的现代化生活的同时,也产生了"富贵病",出现如过度肥胖、失眠、焦虑和抑郁症等问题。人们对身体健康的关注度也就大大提高。电视上体育明星代言的广告、宣扬饮食健康的各类烹饪节目、专家在线解答健康问题的互动栏目等,都流露出人们对身体健康的美好向往。另外,人们对各种体育赛事的现场转播展现出来的源自身体的力与美的欣赏,也反映了当代人追求身体健康和生命活力的普遍愿望。身体文化在当代的凸显,还有着当代人自身心理需求的内在原因。身体是主体性的标志,使人类从外在的客观世界分离出来,"躯体是个人的物质构成。躯体的存在保证了自我拥有一个确定无疑的实体。任何人都存活于独一无二的躯体之中,不可替代。如果说,'自我'概念的形成包括了一系列语言次序内部的复杂定位,那么,躯体将成为'自我'含义之中最为明确的部分"。拉康的"镜像理论"认为,自我是在通过与镜中的身体形象进行感知和认同中构成的,并在这一过程中获得一致性的愉悦。在当下的体育比赛中,观众往往对荧屏上的体育精英的多元身体进行凝视,在反观自身的同时,通过认同、模仿、追捧等方式有意无意地希望缩小自己与明星的差距,从而达到自我身体的理想化塑造与主体意识的确证。可以说,对自我身体的关注与重视,以及对他者身体的凝视和模仿,也是确定身体主体性的有效途径。现代人的自我意识觉醒和身份确证也在身体这一普泛化的层面得到了实现。

体育教育的进程和前提条件就是放弃自然状态的身体,去接受身体上的教化。在制度化的学校场域中,教育与身体成为一对矛盾,身体更多的是作为被遮蔽、被规训和被惩罚的对象,而没有得到教育者应有的关注。身体在教育理论中应该具有更基础的地位,原因有以下四个方面。

第一,人的身体以及人的自然性、生物性,本应是教育的出发点与基础,但在教育理论的探讨中却不断地遭遇到某种意义上的"遗忘",而退到教育活动的背后,成了存而不论的背景。教育学对人的身体的关注,正是将人的动物性存在从形而上学的理性中唤醒,是对人作为一种完整性存在的正视。也就是说,要将人的理性和感性合二为一,使人真正走向全面发展的正途,而不是仅仅依靠感性得到发展。这也是当前教育界普遍存在的理性主导思想的终极走向。以理性为主导的人最终要回归到感性层面去发展,理性不是人类发展的唯一和终极归属。体育教育正是在这个基础上成为实现理性与感性结合的最佳点。

第二,体育教育中的诸多问题都涉及人的身体,但人们却没有给予其相应的关注。体育教育理论研究无法回避身体,而且身体是体育教育的基本前提与重要内容。体育教育通过引导人运用身体,使社会性身体与生物性身体相互调节、修饰与形塑。这种教育过程实质上是人的身体规训化的过程。人们对自己的身体进行教育归根结底就是要发展身体,使身体更加健康强壮,能适应社会发展,而且在体育教育过程中,身体被提升到一个高度。由于科学技术的飞速发展、人们认识能力和水平的不断提高,人们深刻认识到增强体质和增进健康是一个社会性的系统工程，需要多方面共同协作，必须把人们社会性的身体锻炼纳入社会的健康教育和健康促进的整体活动，所以世界的趋势是社会体育这部分逐渐以身体锻炼或运动锻炼的事项融入社会的卫生保健体系，体育则成为以学校为阵地的专门性活动。运用身体活动或练习进行的以增进健康为目的的训练，最基本的社会形态就是在学校里进行的身体教学，这是从属于教育大系统的身体教育。这种身体教育不仅传授身体文化的基本知识、基本动作和运动技术，还要进行意志素质、道德品质和审美情操等教育，使受教育者成为符合社会要求的有个性的社会人才。这种身体教育是一个国家或民族进行的基础性的教育，是保证全民族具有良好身体素质和健康水平的基础教育，属于战略性任务。

第三，身体是最真实的存在，排斥身体及其感觉的体育教育绝不是完整的人的体育教育，甚至可以说是虚幻的体育教育，因为它无视个体的真实性——"我"的本质主要取决于"我"的特殊身体，这个身体同其他社会表现者的身体不同。因此，在体育教育中要注重和尊重每个个体的身体差异性，特别是要注意体育教育中的教化身体作用。在诸多社会文化形态中，体育运动以它的特质和魅力赢得和征服了青年。在肌肉发达的血肉身躯之间进行竞逐的背后，体育运动展现着人类的共同理想的价值观念。正是这些潜在的文化功能使体育运动汇入世界和平、进步、团结的洪流。竞技运动的外观形态是战争，而它的实质核心却是和平。

第四，随着身体成了反思传统观念、传统思维方式最重要的突破口，身体也成了反思体育教育现代性与体育教育理想的一个基本范畴。通过审视身体在体育教育中的地位与意义，可以寻求到身体的那种既抽象又具体、既冲动又沉寂、既顺从又反抗品性的体育教育学意义。提倡身体视角的体育教育研究并不是要对传统体育教育进行颠覆，而是进行补充，从而实现真正意义上的身心和谐的完人体育教育，并构建一种以身体为核心概念的体育教育学及其实践意义。在现代社会里，学校被誉为人类社会发展的"动力站"。知识的保存、传授、传播、应用和创新，文明的传承和进步，人才的发掘与培育，科学的发现与技术的更新，社会的文明与理智，不同文化间的交流与沟通，无不依赖学校的基础教育。学校的使命之一是文化的传承。文化是一种生命的信念，一种带有时代特征的信念。没有文化的生活是有缺陷的生活，是遭到破坏、不真实的生活。奥林匹克是人类创造的最为灿烂的竞技文化、体育文化和身体文化，世界上任何一个学校都不应对这种文化熟视无睹，因为身体是人类拥有这个世界的总的媒体。由于现代社会中，人的片面发展在很大程度上是由人们的生活方式造成的，要使人的身、心、群得到全面的均衡发展，必须从生活方式入手，通过切实可行的途径，改善人们的生活方式，从根本上解决问题。

第二章 体育教学与健康教育的融合

第一节 高校体育健康教育理念及思潮

一、体育健康教育理论基础

对社会而言,体育教育是社会主义现代化建设事业的重要组成部分;对学生个体而言,体育教育在促进健康、培养良好的道德品质和心理素质方面具有特殊的功效,帮助学生获得更好的个人素质。大学生体育教育是学生体育教育的最后阶段,大学体育功能是学校体育的延伸和拓展,具有广泛的社会价值和意义,其功能由大学时代拓展到终身。大学体育不仅要注重增强体质、促进健康的实际效益,还必须着眼于大学生个体生存、终身发展的需要,要重视生理、心理及社会等因素在内的综合效益,力求满足个人的体育兴趣爱好,启发学生主动参与体育的意识,讲究体育锻炼的科学性,不断充实体育知识、提高体育运动水平,以适应21世纪开拓型人才对精神、体质、文化生活日益增长的需要。体育产生的根本动力是生产劳动,它是为满足人类生存和人类社会生活的需要而产生的,是人类特有的社会现象。体育这一术语最早出现于1760年法国的一家报刊上,"体育"一词在我国的使用是在19世纪末、20世纪初,其意义为"同维护和发展身体的各种活动有关联的一种教育过程",我国1923年在《中小学课堂纲要草案》中把体操科改为体育科,并为广泛使用。体育教学是教与学的统一活动,是学生在教师有目的、有计划的指导下,积极主动地学习与掌握体育、卫生保健基础知识和基本技术、技能,锻炼身体,增强体质,促进健康,发展运动能力,培养思想品德,是实现学校体育目标的基本途径之一。

我国体育随着社会的不断发展,也进入科学发展的时代,其内涵更丰富,分化也更明显,基本上可分为三个部分:学校体育、社会体育和竞技体育。学校体育是学校教育的重要组成部分,是发展身体机能和健全心理相结合的教育,是全面发展高素质人才的教育。因为学校体育不仅为智力提升提供身体基础保证,还可以传播体育文化,能够提高学生的文化素养。学校体育的内容和形式丰富多彩,体育理论知识、技能技巧、攻防战术、运动规则等都是人类长期实践的经验和结晶,是一种财富,是社会文化的一部分。通过体育课和体育活动,教师可以向学生传授体育理论、技能技术,提高学生自我净化、自我完善、自我革新、自我提高的体育文化素养。由于学校体育的多重特点,体育可以丰富课余生活,在建设健康的校园文化,建设良好的校风、学风,促进精神文明建设等方面都具有重要的作用,所以体育教育是学校教育的重要组成部分。

大学体育教育是教育系统的重要组成部分,是学生接受学校体育教育的最后阶段,也是学校体育向社会体育的过渡时期,更是建设学校社会主义精神文明和促进学生全面发展的关键时期。大学体育教育在教育学生的体质、促进健康的同时,使学生具有终身体育意识,注重培养良好的心理素质,促进学生全面发展,使之成为德才兼备、体魄强健的社会主义事业接班人。

体育与健康课程的目标、内容、方法都受到生物学因素的影响。从生物科学的视角来认识体育与健康课程可以得到以下初步结论:

第一,直立行走推动人类进化,同时也给人类带来种种缺陷,体育有利于弥补这一不足;优裕的生活给人类健康带来许多新的问题,体育活动为防止人类身体的退化提供了重要的外部条件。

第二,长期的体育锻炼对于人体发展具有积极的影响,是提高和改善国民体质的有效而不可替代的重要手段。

第三,体育活动受人的生理结构与功能的制约和影响。

第四,在参加体育活动时,人的机体工作能力的发展变化有一定规律。

第五,人的生长发育与整个生命过程具有明显的阶段性和个体差异性,体育锻炼必须符合人的年龄特征、生理特征,考虑个体的差异性。

体育与健康课程作为整个教育课程的有机组成部分,直接影响着学校教育的整体发展。因此,从教育学的视角来认识体育与健康课程是十分必要的。体育与健康课程是学校全面发展教育的重要组成部分,对于促进学生的生长发育具有十分重要的作用。教育者的身心和谐发展是一个有机整体,忽视甚至损害健康的文化和科学知识教学,或孤立发展体能和运动技能的体育都是有害而无益的。

体育与德育、智育、美育存在着有机联系,必须从德、智、体、美的相互联系、相互促进的视角来认识与理解体育。体育不仅是"体"的教育,更是"人"的教育。

体育锻炼过程是学生的生长发育与体育锻炼密切联系、相互促进的过程。正常的生长发育是进行体育锻炼的前提,同时又是体育锻炼的结果,两者必须有机地结合起来。

体育与健康课程无论是目标的确立、内容的选择,还是方法的运用都离不开心理学的支撑,从心理学的视角方面,可以得出以下结论:

第一,体育活动能使人产生成功感和愉悦感。

第二,体育活动对于个人的自信、自尊有很好的促进作用,可以明显降低紧张与焦虑情绪。

第三,体育与个性发展有密切的联系,体育活动可以对良好个性的形成产生积极的影响。

第四，运动技能的学习和效果与学习者的动机密切相关。只有具备强烈的学习动机，才能积极主动地开展体育学习和活动，并取得良好的学习效果，良好的学习效果又反过来进一步激发体育学习和活动的动机。

第五，不同年龄段学生的身心特点对体育学习的内容与效果有直接的影响。

第六，身体健康与心理健康相互作用，相互影响。

体育与健康课程在课程的目标、内容、方法、组织、评价等方面受到社会各种因素的影响与制约。从这一意义上讲，体育与健康课程的改革与发展不能脱离社会的发展与需要。因此，体育与健康课程还应该从社会学的视角来加以认识。

体育和健康课程与社会政治、经济之间存在着紧密的联系。社会政治与经济直接或间接地制约着体育与健康课程的价值取向、目标、内容、方法、评价等。当前，我国的体育与健康课程改革正在如火如荼地进行，在确定课程改革方案时，应当清醒地认识我国的政治经济制度与需求，只有如此，才能明确改革的性质与方向，合理地设计体育与健康课程方案，保证体育与健康课程的改革沿着正确的方向前进。

体育与健康课程总是与一定的社会文化相联系，并受到其影响和制约。各国都通过体育与健康课程，用潜移默化的方式将一定的意识形态、思想、观念传授给学生。我国尚存的"重文轻武""学好数理化，走遍天下都不怕""师道尊严"的传统文化思想仍在很大程度上影响与制约着体育与健康课程的设计和实施。

体育与健康课程与一定的社会背景相联系。体育活动对增加人与人之间的交往与沟通、建立良好的人际关系、提高社会安全感具有积极的影响，是个体学习社会知识技能，养成社会规范行为，即个体社会化的重要途径。

运动密度是指每节体育课与健康课学生总体运动时间占课堂总

时间的比例,即:运动密度＝学生总体运动时间÷一节课的总时间×100%,中国健康体育课程模式指出运动技能学练和体能练习是体育课最重要的两个环节,体育课的运动密度应达到75%以上,由于一节体育课的时间是40 min,根据运动密度的计算公式可推导出:学生总体运动时间＝运动密度×一节课的总时间＝75%×40 min＝30 min。并提出运动技能学练时间为20 min左右,体能练习时间标准为10 min左右,教师让学生集体停顿下来用于讲解和示范等的时间为10 min左右,即学生总体运动时间是体能练习时间与运动技能学练时间的总和。

中国健康体育课程模式旨在解决我国学生体质持续下降、学生较少掌握运动技能、学生喜欢运动但不喜欢体育课"三大难题",试图改变传统体育教学中无运动量、无战术、无比赛的"三无"现象。"三大关键要点"是中国健康体育课程模式解决问题的"抓手",各要点的具体标准是立足于我国体育教学的现实需求,基于对我国传统体育教学中优秀经验的继承和发扬,依据国内外相关理论与实践研究成果而确立的,其标准具有一定的弹性,并非固定不变的。"三大关键要点"的提出不仅为中小学一线体育教师"上好一堂体育课"提供了具体的教学建议,还使学生在运动情境中接受适宜的负荷刺激,获得良好运动体验,从而为学生形成正确的体育态度和价值观奠基。但是,"三大关键要点"是中国健康体育课程模式下体育课堂教学应遵循的基本要求,是本模式特有的,有其自身的适应范围,并不完全适应于其他体育课程模式。因此,体育教师应根据课程目标和体育课类型,如新授课、复习课、考核课等实际情况,综合运用多种体育课程模式,以实现体育课程健身育人的独特功能。

二、高校体育健康教育理念特征分析

21世纪中国的教育事业正在发生着深刻的变化,那就是从应试教育向素质教育的重大转变,其中一个重要举措就是目前我国正在进行的基础教育课程改革。基础教育课程改革的目的是着眼于提高我国公民的基本素质和竞争能力，以便适应现代社会竞争的需要。体育与健康课程作为实现学校体育目标乃至教育目的的基本途径，也从方方面面进行着"扬弃"性的变化。

体育与健康课程改革坚持"健康第一"的指导思想，立足通过改革课程内容和形式，培养学生终身参与体育的意识和行为习惯。在体育教学中，强调重视学生的主体地位，满足学生不同需求，确保每一个学生通过该课程的参与和学习，获得成功体验，造就良好的个性品质。

体育与健康课程落实"健康第一"的指导思想，是以促进学生身体健康、心理健康和社会适应能力的提高为目标，融合与学生身心发展密切相关的体育与健康知识、技能和方法，构建技能、认知、情感、行为等有机结合的课程结构。通过学生选择运动项目进行学习，培养学生的健康体魄，关注学生健康意识和良好生活方式的形成，确保"健康第一"思想落到实处。

体育教育专业培养的基本理论主要是分析、梳理培养过程中各种影响要素之间的关系，寻找其内在规律以科学指导学生的培养过程，其实质是如何更有效地培养出人才的问题。国家重视人才，社会需要人才，学校培养人才，个人努力成才，人才问题成了社会发展的中心和关键问题。从相对宏观视角分析，体育教育专业人才培养的要素究竟有哪些？经对整个培养过程所涉及因素筛选与分析，本研究认为：总体上要涉猎以下四个方面的要素，即依据什么培养？培养什么样的人？用什么培养？在什么条件下培养？其依次对应的要素为：社会需求要素、学生素质要素、课程教学要素和条件要素。通过对四个要素深入分析、全面比较得出，课程要素处于相对稳定状态，其他三要素处于相对变化、不稳定状态。由于各要素的不同组合，产生了以下四种基本课程类型：完全课程、缺失课程、缺变课程、缺理课程。其中只有完全课程是课程设计努力的方向，可以尽量接近，而其他三种课程都是有缺陷的,要避免。

三、立德树人视域下高校体育健康教育理念价值审视

体育是高校最为重要的基础课程,体育培养学生良好的身体素质,锻炼学生的意志和品质,塑造他们良好的性格和健康。体育最为根本的是健康,是增强体质,是提升人们的自然适应能力。随着社会经济和教育思想不断发展,体育的健康思想理念内涵不断丰富,注重身体健康,也注重心理健康,以体育教育来促进身心健康发展。高校体育教育必须深入领会并认真贯彻这一教育发展理念,在教学实践中不断改革教学方法和模式,创新应用教学手段和组织形式,让学生能够真正领悟体育精神,真正服务学生的全面发展和健康成长,努力培养和造就更为全面的高素质人才。

树立健康教育发展思想理念。思想引领行动,理念指导实践活动,思想理念是人们从事实践活动的灵魂,是保障实践目标和效果的根本因素之一。高校体育教学要想真正服务学生全面发展,真正让学生得到更好的锻炼和提升,必须牢牢把握体育的本质精神,树立起健康发展理念的教育大旗,以健康教育理念来指导教学,并能深入研究教学实际,认真发现教学中存在的问题。将教学目标设定、教学组织形式、教学模式选择、教学方法选取等环节与健康教育理念相比对,深入贯彻落实新发展理念,全面指导体育教学改革。找出存在的问题,不断优化教学方法和手段,创新应用各种体现新型教育理念的教学模式,广泛开展各种基于健康发展的教育实践活动,让学生能够真正爱上体育、享受体育,从体育学习和锻炼中获得更多的收获。坚持以人为本的教育和服务理念,真正以学生为主体,以学生发展为根本,以促进学生健康成长为目标,从事教学实践,积极进行教学改革和创新。从课程设置与选择到教学目标和实践,从社会需求和学生终身发展考虑,真正践行健康教育发展理念,做好教学改革和创新。

制定有利于学生终身健康发展的教学目标。目标是引领教育实

践的旗帜,也是检测教育教学效果的最为重要的标准。高校体育教学必须明确教学目标,确保每项体育项目都有明确的目标,每节体育课都能够如期完成学习和实践目标,保障教学成效。高校体育教学的根本目的是让学生能够得到有效的锻炼,能够不断提升学生的身体素质,让学生掌握基本的体育运动方法与技巧,能够在运动中更好地锻炼自己的身体,学会几项伴随自己一生的运动项目,能够养成良好的体育锻炼习惯,感知基本的体育文化精神,从中得到更多的体育乐趣,以此来形成良好的体育运动习惯,服务于学生的终身发展。高校体育教学不是培养体育冠军,不是让学生一定要在某个项目上打破纪录,而是在自身原有的基础上有所进步,有所发展,以此来不断提升学生的体能,增强学生身体素质,促进学生身体健康。在体育运动过程中,让学生养成积极乐观的心理和性格,在参与中学会合作与竞争,不断培养他们的超越意识与合作精神。让学生在训练过程中克服自身的心理弱点,增强学生的意志,遇到问题和困难学会勇敢面对,能够不断超越,以此来塑造学生坚强的心理品格,促进学生心理健康发展。

改进教学方法和组织模式。健康教育理念下的高校体育教学改革,在具体实践中需要不断改进教学方法,创新教学手段,优化教学组织形式,让学生能够真正在实践中得到有效教育和指导,真正将健康教育理念转变成学生的健康行动。高校体育教学改变传统的以运动技术和技能提升为中心的教学体制,培养学生的体育兴趣、自主学习能力、自我体育发展能力。运动技术和技能只是让学生更好地参与体育锻炼的方式和手段,是让学生能够在锻炼中符合一定的规则,能够与更多的人合作参与,让运动更有趣,而不是体育教学的根本目的。学生爱上体育运动,积极主动参与体育运动,能够从中得到更多的乐趣,在运动实践中能够培养自己的积极乐观、健康阳光的心理品质,这才是最为根本的目的。为此,高校体育教学需要结合学生实际,注重学生体育兴趣的培养,选择更多有效的教学方法,调动学生参与的积极性和主动性,让学生得到更多的体验和快乐,以此来培养他们的体育热情,养成良好的体育运动习惯。教师在体育教学过程中多参与启发式教学、诱导式指导、互帮互助式实践练习,让学生更有兴趣与热情。选用多媒体教学,确保教学更加直观生动。使学生在体育实践中能够获得更多的愉悦感,得到更多的成就感,促进学生心理健康发展。

健康教育理念是一种科学理念,当前高校体育教学改革以及评价体系改革的重要依据是如何科学合理地贯彻健康教育的指导思想,尊重学生的身体健康,同时让学生懂得科学地锻炼、健康地生活,这也是体育教学的核心所在。学生是高校体育教学的主体,高校体育的考核标准不应当仅仅是对学生进行评价的工具,更应当是促使学生发现自身问题,从而更好地完善自身的标尺。所以,高校体育教师应当丰富体育考核标准,在评判学生成绩的时候,不仅仅是以学生的期末考核结果为标准,更要结合学生在体育课堂中的总体表现以及自身的进步程度等,对学生进行综合性的评价。教师甚至可以将学生的自编练习等也纳入考核的范畴之内,将学生主动进行体育锻炼的意愿也作为考核标准中的一项,算入学生最终获得的分数当中。

当前,全国体育教育专业的改革和发展基本是围绕着"厚基础、宽口径"这一理念层面的培养目标以及《全国普通高等学校体育教育专业课程方案》的实施为实体而展开的。然而,体育教育专业培养的毕业生质量,正在受到广泛质疑:2014年因就业率低而被教育部警告的有十个黄牌专业,体育教育专业就在其中;毕业生就业困难,尤其专业就业率下降趋势加大;设置的学科课程与术科课程比例失衡,导致毕业生的体育学力水平降低,尤其表现在运动技能水平下降明显,形成多级弱化链条,如果不及时加以纠正,最终就可能导致该专业的弱化。

教师,肩负着传播人类文明、开发人类智慧、塑造人类灵魂的神圣使命,其价值取向、精神面貌直接影响到学生的素质,关系到全民素质的形成。因此，从这个意义上说，教育的差距，就是教师的差距。我国在1993年颁布的《教师法》中明确指出："教师是履行教育教学职责的专业人员"；2000年颁布的《教师资格条例》又确立了教师职业的特殊地位，肯定了教师职业的专业性和不可替代性。因此，以培养体育教师为己任的体育教育专业，对实施以人为本、德智体全面发展的教育方针，进行全民素质教育、培养体脑和谐发展的人才，都具有不可替代的作用。由于其培养目标和课程设计，直接影响体育教师的质量高低和价值的大小，因而在体育教育专业人才培养中占有重要的地位。素质教育是在人类进入后工业化时代，超越工具主义教育的、以提高人的素质为目的的教育。《国家中长期教育改革和发展规划纲要（2010—2020年）》提出，要"树立科学的质量观，把促进人的全面发展、适应社会需要作为衡量教育质量的根本标准"。"人的全面发展"和"社会需要"的交集就是"素质"，因此，实施素质教育是对大学教育本质的一种回归与坚守，更是新时期提高教育质量的关键。一方面，素质教育的核心就是促进学生的全面发展，包括思想品德的修养、科学素质、人文素质、身体心理素质等，这与大学精神和大学教育的本质一脉相承。另一方面，实施素质教育是社会发展的紧迫又长远的需求，面对前所未有的机遇和挑战，实现中华民族伟大复兴中国梦需要有一大批勇于担当、富于创造、可堪大用的高素质人才。

全面实施素质教育，深化教育领域综合改革，着力提高教育质量，培养学生社会责任感、创新精神、实践能力。这里把素质教育、提高质量和综合改革结合在一起，最终落脚到"培养学生社会责任感、创新精神、实践能力"上，这是对当前教育工作的新部署和新要求。培养学生的社会责任感、创新精神和实践能力，是大学教育本质在新时期的体现，也是新形势下人才培养的现实要求。三者相互联系，相辅相成，共同构成全面实施素质教育的重要目标和关键抓手。

高校立德树人的长远目标应是培养可持续发展的人才，即教育促进人的素质的全面发展，这种发展必须是可持续的。因为在知识经济时代,虽然具有基础性的知识技能对于个体的发展非常重要,但是在一个强调创新、强调广泛适应能力的时代,书本知识的作用越来越有限了。人的素质能否可持续发展,关键在于是否有科学思维的能力和学会终身学习的方法。获得一定数量的知识,这是基本的;培养和开发智能、启迪科学的思维并学会学习是终身的。目前我国人才培养存在着专业人才总量不足、人才结构不合理、高校课程的实践环节与企业需求脱节等诸多问题,这些问题成为创新型国家未来发展所面临的最大困扰,同时也是造成现在大学生就业难的重要原因。为此,高校应抱着对国家、对人民、对社会、对学生高度负责的态度,坚持以就业为导向,以行业为依托,将深厚理论与实际应用紧密结合,重点培养学生的责任感、创新精神、实践能力。

在面对当代社会对于高素质人才的缺口时,高校立德树人系统化机制更应该承担起培养人才的重任,不仅仅在于思想政治教育、科学理念和基础知识的灌输上,更应该提高当代大学生的身体心理素质。因此,办好体育健康教育刻不容缓,坚持体育教育的发展理念,为实现中国梦做出贡献。

我国普通高等体育院校(或系)由于长期受到传统教育思想束缚和计划经济体制的制约,面对今天高校体育教育工作出现了许多新问题,显露出难以适应社会和基础教育的发展要求的现状。黄爱峰、吴昊和顾渊彦在文章《新课改下的体育教师教育问题透视》中指出,新一轮的基础教育体育课程改革的推进暴露出我国体育教师教育领域的三个问题:狭隘的专业发展基点、脱节的教师培养机制以及低效的继续教育模式,其中前两个问题就是针对体育教育专业发展提出的问题。[1]董翠香、霍军在《21世纪新型体育教师培养模式的重建与设计》指出,体育教育专业培养存在如下问题:①培养体制不能适应

---

[1] 黄爱峰,吴昊,顾渊彦.新课改下的体育教师教育问题透视[J].北京体育大学学报,2005(2):222-224.

社会发展要求;②培养观念滞后于时代发展的步伐;③培养结构失衡,造成人才资源的巨大浪费;④培养目标过于具体,培养模式单一;⑤培养的课程专业设置面窄,新兴专业不足;⑥培养的教学内容陈旧,方法、手段落后。❶ 王国元的《我国高校体育教育专业回顾与展望》指出,体育教育专业存在如下问题:①教学思想上没有根本的转变,致使在术科上的教学方法仍有许多沿袭竞技体育的技术、技能教学模式,也导致了部分毕业生受竞技思想影响较深,体育教师的职责不明确,不安于学校体育教学工作,从而影响高校体育教育专业办学质量和声誉。②选修课程由于课时的限制,学生是否能真正受益仍有疑问。③体育教育专业,虽然引起了各界人士的重视,把学校体育课程与中、小学一些主要课程同等对待,但随之出台的学校体育评价手段,却一如既往地采用竞技项目的评价手段,这无疑使专业的发展又受到限制。④培养目标过于具体,培养模式单一。针对我国体育教育事业已经出现的几类问题,我们可以借鉴国外已有的成熟的体育教育事业的发展经验。❷ 因此,必须开阔思路、解放思想,建立更适合我国高校体育教育发展的体制和完善相关的政策。从体育教育专业历史的视角分析,各国体育教育专业之间既有个性区别又有共性的一致,彼此之间存在着较大的联系,而且随着当今世界一体化趋势的加大,这种联系显得比以往任何时期都更加紧密,这就更加需要对国外先进的体育教育专业发展历程,进行比较研究,梳理出国内外体育教育专业发展历程之间的联系,以便探索和借鉴适合我国国情、教情的体育教育专业发展有益的经验。1998 年,王永盛的《中美体育师资培养的比较研究》结论认为:中美体育师资的培养模式、体制、观念差异显著。美国体育教育的特点是教育开放、选拔培养体制灵活、课

---

❶ 董翠香,霍军.21 世纪新型体育教师培养模式的重建与设计[J].河南教育学院学报(哲学社会科学版),2006(5):67-70.
❷ 王国元.我国高校体育教育专业回顾与展望[J].北京体育大学学报,2001(3):352-353,367.

程设置时代色彩鲜明、注重教育实践等,中国在这几个方面差距突出。❶ 还有1999年刘坚等人写的《21世纪初美国基础体育教育师资培训标准的研究》,文章阐述了美国基础体育教育师资培养的新思想、新观念,为我国基础体育教育人才培养提供了思路。❷ 2004年,李忠梅的《从美国体育院系的发展看我国高等体育院校的改革》指出:我国高等体育院校的改革和发展应融入高等教育发展的主流,符合社会发展的主流,与我国体育事业的发展紧密相连。❸ 2005年,李佐惠的《美国大学第一个体育系和首位主任的实践活动》一文介绍了美国第一个体育系建立的历史背景和首位系主任的业绩,对我们具有重要的参考意义。❹ 张毅、何宗华在《我国高校体育教育专业改革与发展思考》一文中专门谈到美国高校体育专业改革现状时认为:①体育院系纷纷更改专业名称,产生了许多非师范体育专业,如运动医学、运动管理、运动训练、运动传媒等。②院系和学科重组,健康与娱乐学科不断从体育中分离出来,独立成立院系和课程体系,自然学科成为教学研究的中心;以运动医学、运动生理、运动科学、运动生化、生物力学、仿生学为代表的自然学科逐步成为许多体育专业的核心课程,这些学科的实用性创造了许多就业的机会。③非师范实用性体育专业受到重视。④理论课程受到高度重视。⑤以计算机技术为主体的信息技术教育在体育院系已得到普及,掌握计算机技术和知识已成为体育院系学生的基本要求。❺ 国外高等体育院校的体育教育表现为鲜明的多样化状态,反映出当代体育高等院校培养目标多

---

❶ 王永盛,姜明.中美体育师资培养的比较研究[J].体育科学,1998(1):20-23.

❷ 刘坚,杜国海,刘华.21世纪初美国基础体育教育师资培训标准的研究[J].北京体育大学学报,1999(4):79-82.

❸ 李忠梅.从美国体育院系的发展看我国高等体育院校的改革[J].西安体育学院学报,2004(2):94-97.

❹ 李佐惠.美国大学第一个体育系和首位主任的实践活动[J].体育文化导刊,2005(3):63-64.

❺ 张毅,何宗华.我国高校体育教育专业改革与发展思考[J].上海体育学院学报,2000(S1):51-52.

样化的发展趋势,形成了其培养的人才是"通才"型的体育教师的状态;国内培养目标是定向性,导致其培养"专才"型的体育师资。由于国情的不同,各国之间体育教育专业特色也有所不同,但是可以借鉴的。国外体育教育专业的开放性和非定向性不仅为非体育专业的毕业生提供成为教师的机会,保证了教师队伍在数量和质量上的相对稳定,而且也有利于师范教育对教师供求变化做出快速反应,以适应社会经济文化发展的需要;而国内受苏联模式的影响主要是"4+0"模式为主。

大学生素质形成是由多种因素决定的,但最主要的因素是由大学课程决定的。这种课程虽然主要依据社会需求设计,但由于社会是在不断发展变化的,社会需求也就始终处于变化之中,而毕业生素质一旦形成,就是一个相对稳定的状态。这种稳定的状态是否适合当时的社会需求、能适合多大的程度,确实是难以完全预测的,二者高度一致的状态出现可能只是个特例。究其深层原因,可能如下:大学教育宗旨就是要对人的成长施加定向的影响,换言之就是要培养人才。至于应该培养什么样的人才,主要取决于社会对这一领域人才的需要。以往大学中各学科对培养什么样的人才的研究结果也都统一于这一认识。体育教育专业也把决定培养什么样的人才的问题归于社会需求。那么,体育教育专业培养的人才真的是社会需求决定的吗?本文认为:不尽然。"社会需求决定人才培养类型"的说法是不准确的。因为,我们不可能确切地知道未来社会真实、具体的发展过程和其所对应的阶段性发展结果,我们通常所说的"满足社会需求"只不过是对社会发展的一种合理的预期,这种预期与现实社会发展的真实结果是不能完全吻合的。换句话说,我们现在只能是依据对社会发展的一种合理的预期,做出对"社会需求"的预测,再依据这种预测,设计与实施人才培养。可见,培养出的人才只是和这种"预测"对接,而不是与真实的社会发展需求对接。因此,对"培养什么样的人"的研究还是有一定的意义的,意义就在于我们对人才培养满足社会需求程度的预期更合实际。我们不能完全消除二者之间的差距，但可以缩短差距，提高人才培养满足社会需求的程度。

立德树人视域下高校体育健康教育理念发展再认识。高校体育教育树立"健康第一"的指导思想，是在我国深化教育改革、全面推进素质教育的形式下，确定了学校体育工作在素质教育中的重要地位和独特的作用，同时对学校体育工作提出了更为明确的要求。"健康"已成为当今使用频率最高的流行词语，人们赋予"健康"的含义也越来越广泛，"健康的生活方式"和"体育的终身受益"以及"以人为本""健康第一"的理念将得到越来越多的人的共识。作为大学生，不仅要具备丰富的专业知识和敢于创造的科学精神，同时也必须具备健康的体魄和健康的心理，这样才能适应社会的飞速发展，才能在市场经济条件日益激烈的竞争中取得成功。然而，目前有关资料表明，我国大学生的体质不够理想，健康状况令人担忧。根据"素质教育"对21世纪新型人才培养的要求，本文提出应用"以人为本""健康第一"新思想审视高校体育教育的改革，并就体育教育与健康教育的关系，以及体育教育中健康教育的重要性及基本思路进行探讨，旨在引起人们的关注。

健康教育的目的是指导学生掌握科学的健康知识，养成健康的生活方式，达到终身受益的目的。学校健康教育是通过学生个体在学校接受教育的过程中，通过各门学科的学习，了解和掌握各年龄段具有的健康知识，通过学校教育和家庭教育养成健康的行为方式和生活方式，最终服务于社会。

学校体育教育的目的是增强学生体质，培养学生的体育能力、良好的思想品德和心理素质，促使其成为具有德、智、体全面发展的社会主义建设者。学校体育教育是学校教育的重要组成部分，学校体育通过以身体练习为主要手段达到增强体质、增进健康的目的。从学校体育的任务来看，我们的教育不仅是对学生的身体进行单纯的生物改造，即增强学生体质，通过体育教学的渠道传授知识、技能，促进学生身体全面发展,提高学生心理素质水平,养成良好的体育习惯,而且还要将体育作为一种最积极的增进健康的方式,指导学生的行为和生活,帮助学生学习做人、学会做人,达到体育教育育人的目的,促进学生的社会化。学校体育的本质功能是通过育体育心,最终达到育人的目的。

学校体育教育是有计划有组织、有目的的体育教学双边活动,是以学生为主体的教育过程。在体育教育过程中,通过教材内容、教学方法使学生在接受教育的过程中,通过各种身体的练习,满足其个体生长发育的需要、正常机能的发挥,最终达到健康教育的目的。这是学校体育通过身体活动达到健康教育目的的一种最直接和最积极的方式。健康教育是关于学生身体保养和养护的系统教育,并着力使学生树立正确的健康观和生命观,掌握生理卫生和心理卫生知识,以体育学科为主渠道,培养学生形成一种以科学的行为方式和生活方式为指导的健康理念,并通过健康教育改善学生的生活和学习环境,最终达到育人育体的目的。

学校健康教育应是整个学校系统教育的一部分。儿童青少年卫生习惯的训练可在幼儿时期或更早年龄阶段就开始,但系统医学科学知识及保健知识的获得主要是通过学校教育的方式得以实现。学校健康教育课程应是他们获得此类知识的主要途径,不同年龄阶段的儿童青少年的接受能力及思维方式均不同,因此在设置健康教育课程时,目的是要求教育内容形式、教学模具及教材选编等均要符合该年龄段儿童青少年的特点,因人施教。应尽量使学生对健康教育课程产生兴趣,主动学习而非被动学习。

设置健康教育课程的目的是让学生知晓有关健康的知识、信息,掌握自我保健的技能。因此培训称职教师是十分必要的,应不断地对健康教育教师进行培训,使其知识不断更新。

健康行为指导的目的是帮助学生把学到的卫生知识渗透到日常生活中,主要通过卫生保健信念的改变和正确信念的形成,培养学生正确判断和评价的能力,逐步形成良好的健康行为和习惯。习惯是逐步养成的,一旦形成则不易更改,并可影响全部生活。习惯的好坏可影响个人、家庭和社会。在学校培养良好的行为习惯有许多优势,良好习惯的培养是年龄越小效果越好。学校既是有计划的教育机构,也是培养健康公民的场所,尤其是教师的一言一行都对学生具有权威性的影响。所以在学校培养健康的行为习惯是最适当也是最有效的。

健康行为指导的方式一般有两种:集体活动和个别咨询。前者是针对普遍存在于学生中的行为问题进行纠正;后者是对出现特殊卫生保健问题的学生逐个进行帮助。行为指导对学生卫生习惯的形成和巩固起着相当大的作用。为达到满意的效果,学校还需与家庭之间保持经常联系。

学校体育必须树立健康第一的思想,促进学生的全面发展。

党的教育方针中所指的德、智、体等方面的全面发展,这三者既不能相互代替也不能截然分开,它们是互为条件、相互补充、互为目的的,是全面发展人才的不可缺少的基本因素。学校教育肩负着培养德、智、体全面发展人才的重要任务,它关系到我国未来的发展和祖国的建设。学校、家庭、社会环境是影响学生健康的基本因素,而学校是培养学生健康发展的主要营地,我们不仅要落实学校教育对学生健康的影响,而且要通过学校教育向家庭和社会延伸。

长期以来,我国学校体育受到传统教育观念和应试教育的影响,在体育教育中只强调强壮体魄而忽略了对学生心理健康特别是社会适应能力的发展,把体育教学搞成单一的身体操练,把学校体育搞成装点门面、应付体育加试的附属品,这既违背了体育的初衷也与健康教育格格不入。学校体育教育的改革不仅是观念的转变、教材内容的调整和理论课时的增减,而且改革的目的是体育教学在教材内容、教学方法及课程内容的时间、空间上如何为学生的健康教育服务。

个体符合社会发展的需要。随着社会的进步、科学的发展,生活节奏越来越快,人们身心所承受的压力越来越大,这就要求学校体育以"健康第一"为指导思想,在体育教学中应用体育活动本身所具有的种种特殊性及矛盾特征,全面锻炼身体,增进学生身心健康,如群体环境中的身体练习能促进学生自我观念的形成。人际关系是社会关系中最基本的关系,体育活动中所提供的人际交往的时间与空间,有助于学生学会正常的人际交往,有助于社会责任感的形成。人在社会生活中要经受各种挫折,经受挫折的过程也是一个心理调适的过程。抗挫折能力是社会适应能力的重要方面,而体育教学中的体育竞赛有助于培养学生的抗挫折能力和合作精神。学生在团体的对抗活动中必须相互协作、相互配合,才能团结一致,战胜对手。体育活动特殊的"规则效应"可使学生在潜移默化中学会顺应与服从,这对于培养学生的自制能力和遵纪守法以及顺应社会道德的好习惯有良好的作用。这种不断学习、不断调试的过程就是个体社会化的过程,也是个体不断提高社会适应能力的过程。

为终身体育服务。学校体育中出现的"学生喜欢体育活动,但不喜欢上体育课""部分学生一旦离开学校就停止了体育活动"的现象,说明学校体育在应试教育的影响下,追求短期效应的结果。学校体育要树立健康第一的指导思想,切实加强体育工作,使学生掌握基本的运动技能,养成坚持锻炼的良好习惯,使学生在校期间,不仅能实现体育课程目标,而且可以使课堂教学与课外、校外的体育活动有机结合。将学校体育的短期效应变为长期效应,为学生走向社会直至终身服务。

总之,经过研究我们可以得出以下结论:

第一,"健康第一"思想的提出,不仅是国家强盛的需要,也是社会发展、学校教育和学校体育的需要,具有鲜明的时代性。

第二,在学校体育中要落实"健康第一"的指导思想,必须重视学校体育的内容,将体育的重心由体育教学转向课外体育活动,使体育教学为课外体育活动服务。

第三,课程资源的开发。健康教育与体育教育在课程体系和教学模式上尚未完善,我们要充分利用现有的人力、物力和财力资源,做好现有运动项目的改造和对新兴体育项目的开发利用。

第四,课程体系评价健康教育与体育教育课程的评价,不仅是对学生的学习效果和过程的评价,也是对教师的教学评价。在评价过程中,应重视学生的学习效果和反映,重视社会有关方面的评价意见。

第二节 体育教学模式概念

有关体育教学模式概念的专门探讨起步较晚,20 世纪 80 年代以后才有较少人涉及。我国开展体育教学模式的研究也只有几十年的时间,但已形成了"百花齐放"的局面。体育教学模式无论在理念方面的研究还是实践方面的研究,都取得了一定的成绩,极大地推动了学校体育教学改革的深入。

一、什么是教学模式

教学模式有多种用法,到今天也没有一个明确和公认的定义,有些人把某种教学思想理解为教学模式;有人把一种课程的不同类型理解为教学模式;也有人把教学的不同特点和风格理解为教学模式;还有人把教学中的各种关系构造和变量关系理解为教学模式。不过,大多数教育学者还是把教学模式定位于教学过程模型上,把它理解为不同教学过程的设计和方法。

二、什么是体育教学模式

体育教学模式的概念与教学模式一样,不同学者有不同的理解和定义,但归纳起来都是把体育模式理解为"体育教学过程模型"。毛振明教授为体育教学模式下的定义是:体育教学模式是体现某种教学思想的教学程序,它包括相对稳定的教学过程结构和相应的教学方法体系,主要体现在教学单元和教学课的设计上。

当今人类高发的慢性非传染性疾病,是我们依靠体力活动生存的祖先们所没有的,如糖尿病、心血管疾病、某些癌症、某些免疫系统疾病等,甚至影响到了人类的遗传。这些慢性病,都是近300年来突然爆发出来的,与工业化(现代化)带来的"运动不足"密切相关。人类早期的体育是最具生物进化意义、最有效的"教育",而现代分科式的教育则可能是"最忘本"的教育,其后果之一就是有可能断送人类自然进化的进程。现代教育过分强调知识的学习,却忽略了学生生活经验的积累。身体运动经验是与人的生存和发展关系最为紧密和重要的"底层经验"。体育的核心并非运动项目及其技术技能,而是"身体运动"。身体运动负载着人的众多生物特性和社会特性,影响着人的进化进程,必须得到充分的尊重和保护。身体运动的自觉性和有效性的缺失既是当代工具理性支配社会的基本特征,也是学校体育最大的挑战。

如何让大多数学生真正从运动中获益?传统以运动项目为教学内容的特征以运动技术为本位,偏重"运动项目知识"和"运动项目的技术技能",忽视人体科学知识的传授,成了不能持续、难以转化、缺少科技和文化含量的"技术训练课"和"身体训练课"。学生知其然,不知其所以然。对体育而言,学校的时间和作用有限,什么才是最重要和最有价值,又是学生在其他地点和时间难以接触到的学习内容呢?笔者认为合理、适量的身体运动(价值、原理、方法、技能和行动)是身心健康的核心;是否掌握人体运动科学的概念并自觉践行是衡量"是否接受过高质量体育"的重要标准;学习的定义要以价值引领、知识积累、方法掌握、技能形成促行为转变,使知识技能储备、价值认知构建与运动参与保持同步。

美国教育家乔尹斯和韦尔在《教学模式化》(*Model of Teaching*)中认为:"教学模式是构成课程和课业、选择教材、揭示教师活动的一种模型或计划"。"模"是模子的意思,"式"是样式的意思,体育教学模式就是有特色的体育教学过程的模子和样式。如果我们把体育教学过程比作"道路",那么教学模式就是实现体育教学目标的不同道路,有的是"捷径",也有的是"有价值的弯路"。传统体育教学模式将整个教学过程分为感知、理解、巩固、运用 4 个基本阶段,这个教学过程反映在体育课上,就是以掌握运动技能的顺序为主线设计的体育课堂教学程序,即"开始阶段(课堂常规、准备活动、专项准备活动等)、基本部分(技能练习和课程练等)、结束部分(放松练习和讲评)"的教学程序,它也被称为"3 段制"或"4 段制"教学程序。传统的方式就是把体育课的内容当作一个天经地义的"形式实体"来加以对待,不去追问"价值何在"。然而,教学不是万能的,而且时间极为有限,因此,必须在有限的时间里教和学最重要的内容。

  体育课程的教学要和课程外的、生活中的体育活动相贯通,以一种超越抽象知性课程的"人类生活适应性训练"的方式开展教育或许更为有效。学校体育的最大优势是传播身体运动的价值理性和科学方法,整合社会资源,实行深度生活干预是学校体育应对挑战的上策。学生接受干预(领悟价值、掌握方法)是养成"身体运动自觉"的前提。价值理性和科学方法就是:学校所教的一切均必须以安全无害为原则和以科学研究的结论为依据。深度干预则意味着将身体运动重新嵌入学生的学习和生活(入脑＋践行),并延伸到家庭和社会,使科学的身体运动无处不在、无时不在。建立在价值理性和科学方法基础之上的深度干预就是学校体育课程改革的方向。"价值理性＋科学方法＋深度干预"式的体育是一种"全科性"的生活教育,如同医学正由"分化"走向"综合",从"重治"转向"重防",从"临床医学"转向"转化医学"一样,体育教师就如同学生健康生活的"全科医师"。现阶段,随着我国素质教育的全面展开,体育教学改革也得到了深入的发展,体育教学质量有了很大的提升,教学方法也有了不少改进,教学内容得到不断更新。但是,有些体育科研学者只讲求体育理论知识教学，缺乏可行的实践经验，有些体育老师虽然工作在第一线，经验比较丰富，但理论知识不够，从而导致理论和实践无法很好地衔接，使体育教学质量的提高受到影响。如何使理论与实践在体育教学领域中达到很好的互通应用，找到一种它们彼此相互联系的载体是我们研究问题的关键。体育教学模式是一种调控体育教学活动、设计、组织的方法论体系，丰富的教学经验的使用，通过理论指导实践，能够实现体育教学的理论与实践很好地结合。所以，对适合我国学生的体育教学模式的研究以及构建，既可以促进学生身心健康发展，还能够培养学生的个性。不过，现阶段我国体育教学模式的单一化现象普遍存在，一直束缚着我国体育教学的发展。为了提高我国体育教学质量，加快体育教学的改革速度，促进学生体育素质的全面发展，重新评价、审视现有存在的体育教学模式，具有十分重要的意义。本文着眼于教育学、教育心理学、教学论等理论，根据体育教学自身的规律，系统分析研究了体育教学模式。

三、界定体育教育模式的概念

美国学者乔伊斯等人于1972年开始研究教学模式，他们认为：在教室和其他环境中进行的选择教材、构成课程、指导活动等一系列教学活动的一种计划，即教学模式。20世纪80年代，国内学者开始着手研究，并界定教学模式的概念。人们倾向于将之概括为：在一定的理论指导下，为组织设计教学实践活动而建立的各种类型的教学活动的基本结构和活动程序、实施方法策略。教学模式的界定又分为两类：第一类认为教学模式属于教学结构范畴；第二类认为教学模式属于教学过程的范畴。张武升表示，遵循一定的教学指导思想及客观教学规律所形成的，在教学过程中师生须遵循较稳固的教学程序及其实施方法的策略体系。以上的说法，是从教学结构和教学过程的角度来界定教学模式，两者之间的相同方面，是根据系统科学的观点，作为理论和实践相结合的桥梁，教学模式把复杂的教学过程变成了可操作的简化的教学程序。以一定的体育教学思想和教学课堂目标为指导,依据学生们的身心特点以及外部教学条件、教学过程的特点而设计、实施的课堂教学的模型程序和结构,就叫作体育教学模式。

四、体育教学模式的特点和分类

(一)体育教学模式的特点

查阅大量的体育教学文献资料发现,有关体育教学模式的研究占很大的比重。很多学者、教师从自身的实践经验出发,研究和分析适应于体育教学的教学模式,形成了一些反响比较广泛的教学模式特点。具体表现在以下几方面:第一,体育教学模式具有可操作性。体育教学活动是按照一定的步骤实施的,因此,体育教学模式具有教学程序式的可操作性。第二,具有针对性的体育教学模式。任何一种体育教学模式都是以一定的思想、理论作为指导的,有特有的使用条件、目标和范围。第三,体育教学模式具有整体性。是在一定的教学思想和教学理论条件下反映的一种教学活动,而非简单地组合一种或几种教学方法,是由教学思想、教学方法、教学条件、评价方法等相互作用的教学过程组成的结构。第四,具有实践性。具体内容是根据有关的理论背景,对教学活动方案进行制定,形成的教学过程结构相对稳定。第五,具有优效性。获得优质的教学效果的体育教学模式,才更显得有生命力,被广大学者推崇。

(二)体育教学模式的分类

随着社会主义现代化建设和学校体育教育改革的需要,我国的体育教育已经取得了不小的成果,教学模式逐渐由单一化转变为多样化。在体育教学理论研究和实践时,由于受多种体育教学指导思想的影响,体育教学模式出现了多样化的局面。目前,有越来越多的学者把体育教学模式作为一个重要课题进行研究。比如,北京体育大学研究生王少云从体育教学的目标方面划分我国体育教学模式,并对各类体育教学模式的基本结构进行了详细分析。体育教学模式主要是以增强体质为重点的教学模式，这种教学模式的程序步骤是诱发动机、指导学习、分组练习测试评价等。毛振明2000年在《关于体育教学模式的研究》中归纳出体育教学模式有10类，并具体研究了概念和分析了结构。❶ 肖焕禹等在《体育教学模式的研究》中，按照研究体育教学目标、结构和任务功能等分出3种类型的体育教学模式：系统传授体育知识技能、提高能力发展身心素质、培养体育运动的态度、情感和兴趣等。其中传授知识技术为目标的模式有掌握学习模式、程序学习模式、系统学习模式3种；提高能力发展身心素质的模式有问题解决学习模式、目标学校模式、发现学习模式3种；从培养体育兴趣、态度和情感方面分为2种：小群体学习模式、自主学习教学模式。以运动项目为载体，在学习运动技术的同时穿插科学概念，并进行考评。第一是"身体运动的价值"，第二是"身体运动的原理"，第三是"身体运动的方法"，第四是"身体运动技能"，第五是"自觉积极实践"。假设教材运动项目是快速跑，那么在拟定教学目标时，最有可能出现的形式是技术主义支配下的教学目标描述：学习快速跑技术，掌握起跑、途中跑和冲刺跑的要领，提高快速跑的能力。这样的目标与学生的本体没有直接关联，缺乏"人的价值""科学性"和"教育性"，是一种"技术至上"，见物不见人的表述模式，追求的仅仅是较低层次的技术概念和被动接受。❷

第三节　体育教学与科学、人文、健康教育融合

体育教学模式是介于体育理论和体育教学实践的中间环节。一方面它以成熟的理论指导实践，另一方面它又以成功的教学经验来

---

❶ 毛振明.关于体育教学模式的研究[J].广州体育学院学报,2000(4):41-48.
❷ 肖焕禹,平杰.体育教学模式的研究[J].体育科研,2002(3):1-4.

充实和丰富教学理论。体育教学模式一般都具备以下特点：

第一，开放性。体育教学模式也是在发展中不断建立和完善起来的。由于体育教学本身的动态性特点，所以它必须随时接受新的和行之有效的教学方法和手段来丰富自己。根据运动技能的形成理论，在技能形成的不同阶段也要采取不同的教学模式。体育教学的对象群体很大，任何一个具体的教学模式都不可能解决所有教学出现的具体问题，因此教学模式要不断完善，就必须接受各种新教学方法和理论。

第二，独特性。任何体育教学模式都会表达特定的教学思想和教学目标，适应特定的教学环境，针对特定的教学对象和范围。体育教学都有自己特定年龄层次的教学对象，如小学、中学、大学等，就内容来说有田径、体操、游戏、球类等，不同的运动项目有自己的技能形成规律，因此，只靠一种体育教学模式无法满足体育教学工作的需要。

第三，可操作性。虽然说不同项目有自己独特的教学模式，但所有的体育教学模式都具有可操作性，它可以在教学中向人们展示贯彻教学理论的方法，一个成熟的体育教学模式一旦确立，可以为所有体育教师所用。

在我国高校体育教学改革的进程中，"终身体育"和"快乐体育，健康第一"的思想也不断深入体育教学的改革中来，在高校的体育教学模式上形成了百花齐放的大好局面。经过广泛查阅各方面相关资料，我们总结出几种典型的高校体育教学模式，通过对这几种模式的分析和思考，能够在一定程度上透视目前高校体育教学模式存在的问题。

第一，基础型。它注重基础知识、基本技术和技能的传授，能够使学生比较扎实地掌握基础知识和技术技能，但容易忽视学生的主体性。

第二，全面型。它强调培养学生的体育意识和习惯，以及对学生体质的增强,把体育课堂教学和课外活动相结合,但容易给教师造成过重的负担。

第三,优化型。它把"终身体育"和"快乐体育"的思想相结合,注重培养学生对体育的兴趣、掌握体育知识和养成终身锻炼的习惯,学生可以根据自己的兴趣爱好选择运动项目,它的不足之处在于管理起来有些困难。

通过上述几种模式的描述,经过我们的分析后认为:每种模式都有自己的长处,但同时又都存在一些不足,如果能够把这些模式的优点结合在一起,那才是理想化的模式。但要做到这一点绝不是件容易的事,这要靠我们在高校教育一线的教师在实践中不断探索,把几种模式进行优化组合。有一点可以肯定:未来最先进的体育教学模式将是一种综合型的,它的形成要以当时学生的特点和教育理念为基础。对几种常见的体育教学模式的分析:最近十几年来,发展技能和技术教学在我国的体育教学模式所占的比重较大,另外是以锻炼身体为内容的教学。随着学校不断进行体育教学改革,新教学体育指导思想不仅要求学生学习、掌握体育技能,增强学生体质,树立"健康第一"的教学原则,而且需要着重培养学生的体育兴趣,使学生养成终生的体育锻炼习惯。随着体育教学越来越受重视,应重点发挥学生的主动性、积极性,有针对性地使其主动参与到体育教学活动中。以下对目前一些比较常见的体育教学模式的优缺点进行分析:①快乐体育教学模式。为了适应终生体育思想,我国快乐体育教学模式针对学生的体育厌学而出现,开始于20世纪80年代。这种模式是通过增强学生体能,以运动为基本手段,让学生体验到锻炼的乐趣的一种体育教学方法。通常的教学方法有挑战法、游戏法、集体比赛法等,该种模式依照运动的动态变化规律设计教学课程,通过教学方法达到教学目标。优点是:学生在教师的指导下能够在学中找到乐趣,在快乐中又实现了学习,最大化地发挥学生的主动性和创造性。缺点是:在学校体育知识技能的教学过程中比较难以按照计划和步骤进行,在发展学生身体素质方面也有很大的难度。此种教学模式比较适用于小学生和中学生。②技能学习模式。技能学习模式一般多采用运动技能教学为主要的教学活动,多采用大中型单元,以达到一定难度的技术动作为教学单元,技术难易的次序有一定的安排,结合练习的运动量和次数,帮助实现对技能掌握的最好评价。其优点是通过具有逻辑、系统化的体育教学,使学生能够完全掌握比较系统化的技术和技能知识。其缺点是这种循序渐进模式化的教学方式不利于学生发挥主观能动性,不能起到不同学生的情况不同对待,对学生体育兴趣、体育习惯锻炼不能起到很好的帮助。③"分层次型"体育教学模式。此种体育教学模式根据学生的体能、生理以及心理个性等方面的不同,建立不同种类的教学组织形式,遵循大学体育思想的本质规律,带给学生不同的选择分类。其教学组织形式分为两类:第一类是按学生的身体素质的运动基础能力和综合评分,依照学生的体能状况分为教学层次班。第二类是"班内分层次动态调整"。具体的过程是根据学生入学素质测验的成绩排名,将学生划分为好、中、差等级别,通过教学内容,目标划分由低到高的目标设置,引导学生循序渐进地达成目标,通过不同阶段的完成,适时地进行调整,调整到更高一层的级别,调动学生的积极性,培养学生的竞争意识。④选择制式体育教学模式。学生可以自主选择学习搭档、学习内容和学习的辅助工具,自己设定学习进度、学习难度以及学习任务等方面。其优点是不仅能够充分调动学生的主动性和学习性,而且在一定程度上能够满足学生的各种需求。在运动过程中,还可以较好地培养其主动学习能力。缺点是此种模式的教学过程由于不同内容的选择有一定的差异,单元规模上有很多幅度的调整,课中多以"同一课题小组"的方式进行学习讨论,显然这种方式比较适用于有一定基础的高年级学生。

21世纪将是知识经济主宰整个世界的时代,科技与教育将成为一个国家、社会发展的根本推动力。教育必须培养出高水平、高素质全面发展的人才,这样的人才不仅要掌握先进的科学文化知识,更要具有健康的人格、高尚的品德、高度的责任感和积极的人生态度,这正指明了我国高等教育的重点内容是科学教育、人文教育、健康教育。学校体育教学改革作为学校教育改革的一个重要组成部分,在其教学改革的过程中无不体现和渗透着与科学、人文、健康教育的融合。体育教学模式的创新与改革是体育教学改革的重点,体育教学模式的改革历程充分体现了体育教学模式与科学、人文、健康教育的融合。

一、体育教学模式与科学教育相融合

现代科学技术的发展日新月异。科学技术是第一生产力,也是现代人生活的主导力量。在现代科学迅猛发展和应用日益扩大的今天,越来越多的人逐渐形成一种科学的思维和观念,体现在体育上就是保持科学精神,对体育、体育教学的发展与改革进行科学的认识,用科学的思维和态度对待体育、体育教学的变化。实事求是也是体育教学改革的基本原则,所以在构建体育教学模式时需要一切从实际出发,遵循客观规律。

从我国的国情来看,体育与科学教育、科学精神的融合经过了一个较长的过程。半个多世纪以来,我国体育事业已经取得了骄人的成绩,并在国际体坛引起震撼,这同党的领导,正确的体育方针、政策与体育改革,同体育的科学指导是分不开的。特别是随着时代发展,倡导体育的科学发展,加快体育科研步伐成为一项迫切的任务。1978年的全国体育工作会议提出"大打体育科研之仗"和"体育要大上快上,科研必须先行"的意见,引起了体育界的共鸣。同年,国家体委下发了《关于加强体育科学技术工作的意见》,对新形势下的体育科技工作进行了全面部署。1980年正式成立了全国性的体育学术团体——中国体育科学学会。在80年代的体育改革中,国家体育还提出"以革命化为灵魂,以社会化和科学化为两翼,实现体育腾飞"的方针,以及全民健身战略和竞技体育战略"在实践中协调发展"的观点。90年代,国家体育总局进一步提出"科技兴体"的指导思想。在体育教学中,教师能够根据学生的生理、心理活动规律,运用运动解剖学、运动心理学、运动生理学、运动医学等相关学科的科学知识,根据学生的社会适应能力来选择适合发展学生各方面能力的体育教学模式。在使用该教学模式时能够根据实际的教学条件,针对不同的教学对象,因人而异、因地而异、因时而异地选择教学方法体系,也充分体现了体育教学模式与科学教育达到了融合。

二、体育教学模式与人文教育相融合

对于"人文"内涵的理解,东西方存在着一定的差异。西方的"人文"起源于意大利文艺复兴时期,其核心思想是人文主义。它强调以"人"为中心,反对以"神"为中心;提倡"人性",反对"神性";提倡"人权",反对"神权";提倡科学和理性,反对愚昧主义和神秘主义。"西方的人文主义强调的是人有独立于上帝或自然之外的价值,而中国的人文主义从一开始就建立在人和自然的和谐之上。"但是无论在西方,还是在中国,在"人文"的观念上,都存在着相通之处,那就是"人文"一词包含着两个层面的意思:一个是"人"的层面,另一个是"文"的层面。前者是关于理想的"人"、理想的"人性"的观念;后者是为了培养这种理想的人或人性所设置的学科和课程。在探讨有关"人文"的问题时,人们可能对其"人"的方面和"文"的方面有不同的侧重,当作为"文"的方面、文科课程的方面得到更多的强调的时候,人文被等同于人文学科和人文教育,特别是文、史、哲教育。但是,无论是西方还是中国,作为人文的第一方面的"人"的理念向来是更重要的、更基本的方面。而恰恰是为了强调这个更重要的方面,才出现了"人文精神"的说法。

人文精神应该是"体现在整个人类文化中的最基本的精神,或者是整个人类文化生活的内在灵魂。追求真理,善良和美丽的崇高价值理想是其核心。""将人类自由和全面发展的最终目的最大化"是"对现代人类的终极考虑的考虑对象",而实质"强调意义的中心并尊重人",人类的价值就足够肯定了,强调文化教育,优化人类,提高人类素质和精神修养,追求理想道德,充分发展自由。它"强调用文化的力量教化人"。

中国的人文精神,一开始就孕育在礼乐教化之中。"人文"一词最早出现于《周易·贲卦·象辞》:"刚柔交错,天文也;文明以止,人文也。观乎天文以察时变,观乎人文以化成天下。"其中的"人文",喻指人事条理,而"化"则有教化、风化之义,显露出人伦至上、道德经世观念的端倪。孔子将道德教化进一步提升,强调社会要有秩序,强调人群之间要和谐,强调个人要有道德修养。这便是中国的人文精神之源。张岂之先生在《中华人文精神》一书中,把中华人文精神概括为刚柔相济(穷本探源的辩证精神)、究天人之际(天人关系的艰苦探索精神)、厚德载物(人格养成的道德人文精神)、和而不同(博采众家之长的文化会通精神)、经世致用(以天下为己任的责任精神)。正是这些中华民族传统文化中的精髓哺育了一代代中华儿女延续着华夏的文明之光,播撒着世界上唯一不曾中断的古老文明的火种。[1]

追溯中华民族的文化发展历程,我们可以看出:虽然中华民族有着源远流长的人文传统,但却自古以来缺乏对科学的足够重视。正如曾任北京大学校长的蔡元培先生所言,在中国,我们的教育至少两千年来没有面向更高的科学教育,而只重人文、道德,"是用完美的品质去塑造人,赋予他一种文学素养而已"。这就显现出了一个几千年来一直存在的教育问题——偏重人文(缺乏与科学教育、健康教育有机融合)的教育。伴随着西方文化的传入,国人越来越清晰地认识到了这一问题。20世纪初,"民主"与"科学"这个"浓缩而又浓缩"的西方文明结晶,被中国先进知识分子作为救亡图存的武器广泛传播着。

---

[1] 张岂之.中华人文精神[M].北京:人民出版社,2011.

尤其是科学在此时期受到极大的关注，由于中国长期以来积贫积弱，导致人们对科学信仰的过热，终于由对科学的追求，演化为对科学的崇拜。这种为救亡图存而演化成的科学崇拜给我们带来了另一个弊端——偏重科学——那就是我们离中国传统的人文精神越来越远，取而代之的是"唯科学主义"思潮的张扬。

经历"五四"新文化运动的洗礼，中国的传统大学相继完成了现代性转换，确立了学术自由、思想独立之类的西方教育文化的基本价值。但是，由于社会现实环境所迫（如抗日救亡运动的需要等），当时的国民政府采取了限制文科、鼓励实科发展的倾斜政策，以培养实用的专业人才。从而引发了20世纪40年代知识界的"文实之争""通才教育"与"专才教育"之争。中华人民共和国成立之后，以迅速实现工业化、赶超发达国家为目标，在全面学习苏联模式影响下的中国高等教育，从20世纪50年代初就奠定了以工程技术、专门教育为主，即"重理轻文"的格局。这种格局和思想观念一直延续到今天仍然有很大的影响力，"学好数、理、化，走遍天下都不怕"的思想至今仍然左右着一些人的观念。20世纪80年代以来，应试教育的迅速发展，造成了中小学教育的严重畸变。可以说，已经达到相当完备阶段的应试教育是在中国盛行1300余年的科举教育的现代翻版。在大力提倡素质教育而应试教育的惯性还远没有结束的今天，要想弥补由应试教育造成的教育人文性的流失，现代高等教育就势必要大力提倡人文教育。但现在我们所提倡的人文教育再也不能像20世纪初胡适先生所主张的所谓"矫枉必须过正，不过正不能矫枉"的文化激进主张，而是要将人文教育与科学教育有机地融合起来。如何将中华民族的人文传统进一步发扬光大，并与中国的教育实际相结合，是当代教育工作者应当责无旁贷地承担和探索的课题！众所周知，教育肩负着传承文化的历史重任，教育工作者的使命是在传授科学文化知识的同时，塑造一个完整意义上的"人"。因此，"教育的根本目的是要把个体的人培养成能自由和全面发展的、能充分发挥其优势和潜能的社会的人"。正如杨叔子院士所说,从事高等教育的大学(或学院),其"主旋律是'育人'而非'制器',是培养高级人才,而非制造高档机器"。然而中华人民共和国成立后,在全面学习苏联模式的方针指引下,我国的高等教育恰恰就出现了忽略人文关怀、忽视人的全面与和谐发展的现象,以至于形成了类似"制器"的培养模式,教训不能说不惨痛。

　　大量类似事例说明,我国的学校教育(当然也包括家庭教育,但却不在本文探讨的范畴之内)出现了严重的弊端——缺少人文精神关怀的要素。在我国的高等教育领域,尤其在其专业划分越来越细的今天,教育者除了要向受教育者对专业知识"传道、受(授)业、解惑"(韩愈《师说》)外,更要侧重于培养全面发展的"人"。正如爱因斯坦在半个多世纪以前为《纽约时报》撰文时所说,仅仅"用专业知识教育人是不够的。通过专业教育,他可以成为一种有用的机器,但是不能成为一个和谐发展的人。要使学生对价值有所理解并且产生热烈的情感,那是最基本的。他必须获得对美和道德上的鲜明的辨别力。否则,他同他的专业知识就更像一只受到很好训练的狗,而不像一个和谐发展的人。就在爱因斯坦发表此文之前,我国哲学大师冯友兰先生也提出了类似的观点。1948年6月,一贯倡导"通识教育"的哲学大师冯友兰先生在清华大学发表了题为《论大学教育》的演说。在演说中他强调,大学教育的目的是培养"人",而不是要把人训练成工具或机器。

　　作为学校教育的一个重要组成部分——学校体育,为了摆脱单调而枯燥的传统体育教学训练对增强学生体质的暂时作用,正在进行改革与创新,与其他形式教育一样,与时俱进,不断创新,与国内外的先进教育理念和教育思想保持着一致性。从体育教学模式自身的发展来看,先后出现了发现式体育教学模式、启发式体育教学模式、探究式体育教学模式、快乐式体育教学模式、成功式体育教学模式及俱乐部式体育教学模式等。从这些模式的教学目标上我们不难看出,体育教学模式的发展趋势:越来越重视学生的主体性,强调学生的自觉能动性、创新性,强调对学生兴趣、爱好、体育意识的培养,强调学生在体育教学过程中的情感体验。人文教育是培养全面发展人才的根本出发点。从现代高校教学改革及其组成部分之一的体育教学改革发展趋势来看,体育教学模式改革与创新体现着人文教育的内涵。

三、体育教学模式与健康教育相融合

健康教育是目前被国内外广泛引用的名词,作为一种有组织、有目的、有评价的教育活动,主要通过传授与日常生活有关的健康知识,树立正确的健康观念和培养规范化的健康行为,使人们能自觉参与改善环境卫生条件,帮助开展社区健康活动,从而达到建立健康生活方式的目的。"健康"的英文 Health 源于公元 1000 年英国盎格鲁撒克逊族的词汇,其主要含义是安全的、完美的、结实的。1948 年,世界卫生组织给健康下的定义为:健康"不仅仅是没有疾病和衰弱状态,而且是一种在身体上、精神上和社会上的完好状态。"这突出了健康的三维概念,即健康的三维视图,其中人类生理学,心理学和社会这三个方面有机地融合在一起。1989 年,世卫组织将健康的四个标准定义为"身体健康,心理健康,道德健康和社会适应"。这使健康的含义更加清晰,从根本上否认了健康的原始观点,即"健康没有病,没有受到伤害,也没有身体虚弱"。

进入 21 世纪,为了贯彻第三次全国教育工作会议精神,落实"健康第一"的指导思想,学校体育开始进一步明确:应该使体育与健康这两个相关学科互为补充,并在它们之间树立一个整体的观念;充分利用体育多功能特征与健康多文化内涵的互为一致性,启发学生对"体育有助于健康"的概念有更深入的理解。随着时间的推移,人们逐渐接受了完整、科学的健康观,加之国际上健康教育的蓬勃发展,学校健康教育越来越受到更多人的重视。在中国教育融入国际教育大潮的历史进程中,我们积极主动地汲取了国际上有关教育理论与实践的精华,真正将"健康第一"提到日程上来。

纵观国家近年发布的相关文件可以看出,我国高等教育的总体要求为:在坚持素质教育的基础上,"学校教育要树立健康第一的指导思想"。高等教育中的体育教育还要把"健康第一"的指导思想"作为选择体育教学模式的基本出发点"。这就以官方文件的形式,要求把体育与健康有机地结合在一起。

高等院校的体育教学对培养我国未来的建设者和接班人有着不可估量的作用,高等院校的体育教育改革只有与健康教育相融合才能培养出适应社会发展需要的各种人才,才能胜任未来社会给予的挑战,才能抵住高速发展的社会给予的心理、生理等多方面的压力。那么体育教学模式改革作为体育教学改革中的重要部分与健康教育相融合也就显得有理可依了。

处于新时代的中国教育,要以史为鉴,再也不能用"矫枉必须过正"的观念左右人们的思想,而是要将科学教育、人文教育、健康教育有机地融合起来,使三者协调发展,为培养真正完整意义上的"人"服务。恰如1948年梁思成先生所发出的"走出半个人的时代"的呼吁,当代教育要竭力避免使学生成为"只懂技术而灵魂苍白的空心人和不懂科技奢谈人文的边缘人"。关于人文与科学的关系,中科院院士杨叔子教授总结得非常精辟:科学是立世之基,人文是为人之本。没有科技,就会落后,一打就垮,受人宰割;没有人文,就会异化,不打自垮,甘为人奴。健康是人们发展科学、崇尚人文的基本。没有科学的人文是残缺的人文,人文中有科学的基础与珍璞;没有人文的科学是残缺的科学,科学中有人文的内涵与精神。然而,没有健康教育的科学教育和人文教育都是虚设的、浮摇的。

因此说,科学教育、人文教育、健康教育是不可分割的一个整体的三个方面,我们不能重视一个方面而忽视或抛弃其他两个方面,或只重视其中的两个方面而忽视另一个方面。历史的教训告诫我们,单纯地强调某个方面而忽视其他方面都是一种极端,或人文极端或科学极端或健康极端。这方面的教训是惨痛的。令人欣慰的是,我们国家已经意识到了教育领域尤其是高等教育领域存在的问题和弊端,于20世纪90年代已经开始着手进行了大跨步的教育改革,并已经取得了显著成效。世纪之交,我国的教育改革更是进行得如火如荼。自1999年国家发布《中共中央国务院关于深化教育改革全面推进素质教育的决定》以来,以"素质教育"为核心的研究及教学改革成果层出不穷。而"实施素质教育,提高学生的思想道德素质、文化素质、业务素质、身体心理素质,既要真正提高学生的全面素质,特别是要提高学生的文化素质,推进科学教育、人文教育和健康教育的融合"是其根本措施,科学教育、人文教育和健康教育的融合是一个重大的教育思想、教育理念,也是一个重大的教育理论问题。对于我国21世纪的高等教育是一个重大的课题,是我国在21世纪建设先进德育思想的重要内容之一。

当代科学教育与人文教育的融通和整合趋势、"健康第一"指导思想的提出,为我们提供了有益的启示:科学教育、人文教育及健康教育的结合过去是必要的,现在和今后更有必要。正如北京2008年奥运会组委会提出并承诺实现的"科技奥运、人文奥运、绿色奥运"的目标便是体育与科学、人文、健康相融合的明证。

四、构建融合式体育教学模式

从体育教学改革的不断深入,到现今普通高校体育教学的日益成熟,体育教学模式通过不断的创新,一直关注着体育教学的改革与发展,并以其特殊的教育手段与教育方式,达到特殊的教育目的。在不断的发展、变化和改革进程中,体育教学模式在承载了'传统的科学、技术、技能教育的基础上,正吸纳着现代体育教学的人文思想和教育理念。而置身于普通高等院校的体育教学模式更应确立有其自身特色的继承传统、顺应时代发展潮流的现代学科教育理念。

第四节 构建融合式体育教学模式

一、现代体育教学模式的发展应体现科学、人文、健康教育思想的内涵

随着体育教学改革的深入,体育教学模式的创新还将继续,由体育教学模式的概念来看,体育教学模式的创新与构建应遵循以下几个原则:①必须具备体育教学模式的四个基本条件:明确的教学指导思想、单元教学计划、操作程序、与之配套的体育教学方法。②在理念体系上要相当成熟。③应遵循体育教学模式的分类规律。④在体育教学中应有相当的实践基础,并收到了较明显的效果。但并不是说体育教学模式的发展就受到了限制,反而从近年的体育教学改革情况来看,体育教学模式的创新呈良好的发展态势。

在体育教学模式中体现人文教育的方面主要体现在重视开发学生的认知能力,如"探索式教学模式"或"发现式学习模式"或"启发式教学模式"。在这些模式中,设置了挑战性的问题情境,使教学内容富有新奇、趣味等特征,以激发学生求知的内驱力。教师也往往不将现成的答案直接传授给学生,而是让学生通过像科学家一样的发现新知,深入到知识、技术、技能的形成过程中,从而培养和发展学生在体育活动中特有的智能,并提高学生在学习中的兴趣和效率。重视学生情感的投入,比如"快乐式体育教学模式"就注意到学生在体育活动中的情绪体验,并激发学生学习的积极性、主动性,以保证学生以最佳的情感投入学习和活动状态中;再如"成功体育教学模式",重视将教学过程的过程评价与单元教学结束时的单元评价相结合,要求人人在"相对的标准"中掌握各自的教学目标,把学习的成功带给全体学生,通过这些种种的教师绝对权威形象的改变,进而注重学生的学习主体性、主动性、积极性、体验性。重视体育文化的传承,即在进行体育教学的同时,配以某一项目的历史起源、发展变化、其中的

著名体育人物以及该项目的体育规则。重视对学生进行体育道德的培养,通过现代的多媒体体育教学模式,向学生展示国内外重大的比赛,在比赛中了解运动员拼搏进取的体育精神,裁判无私的公平态度,了解比赛项目的规则、裁判方法以及场地的布置等方面。这些变化说明了学生的人文情怀得到了进一步关怀,情感因素已不断融入教学过程之中,为培养全面发展的人提供精神上的准备。科学技术、技能教育在体育教学模式发展中得到体现。教育是为培养人而服务的,但是教育的对象或被培养的人并不是一开始就具备某种技能,为使受教育者在未来社会占有一席之地,在未来社会激烈的竞争中保持健康强壮的身体和一技之长,体育教学模式从一开始就体现了对学生进行科学、技术、技能的教育。在体育教学中传授科学的锻炼方法、正确的动作技术,用各种教学方法使学生掌握一定项目的技能。如"传统运动技能教学模式"就是要通过运动技术的学习,达到掌握运动技能的目的。在这种教学模式过程中,教师通过向学生传授动作技术的特征及其规律,充分发挥学生机能的能力,合理有效地完成动作,并通过分段学习和细化学习,使学生初步学习运动技能,并使运动技能的掌握达到自动化的程度。再如"领会式体育教学模式"是指在尝试中了解与明白学习运动技术的重要性,在完整示范后再分解教学,在掌握各分解动作的基础上再进行完整教学,或以开展竞赛的形式进行教学,目的就是使学生能够掌握技术、技能。

"健康第一"的指导思想在体育教学模式中受到重视。"健康不仅是身体没有疾病和不虚弱,而且是在身体、心理和社会各方面都保持完美的状态。这是世界卫生组织对"健康"提出的明确而全面的定义。1996年6月颁布的《中共中央国务院关于深化教育改革全面推进素质教育的决定》指出:"健康体魄是青少年为祖国和人民服务的基本前提,是中华民族旺盛生命力的体现。学校教育要树立'健康第一'的指导思想,切实加强体育工作,使学生掌握基本的运动技能,养成锻炼身体的良好习惯。"这一决定明确提出了体育与健康的密切关系,学校体育要贯彻"健康第一"的指导思想进行体育教学的改革,其中体育教学模式也在原来重视对学生体能的练习、掌握动作技术、技能的基础上,对学生进行生理、心理及体育卫生知识教育。如"小群体式体育教学模式",这种模式对个人心理意识、理想的形成,情感的获取都起到了决定作用,它强调团结一致的团队精神,组内合作意识,培养学生胜不骄、败不馁的宽容意识,通过学生的互相帮助,合理公平的竞争,发展学生的心理健康水平和良好的社会适应能力。

时代不同,体育教学模式也在不断创新与变革,体育教学模式的教育理念也随着时代的发展而不断变化。现代体育强调以人为本的科学发展观,同时随着"健康第一"学校体育思想的深入贯彻落实,普通高等院校体育教学模式的教育理念也必将与人文教育、科学教育、健康教育融为一体。

二、确立高校体育教学新模式的教育理念

从早期的体育教学改革到 21 世纪体育教学模式不断创新的今天,我们不难看出,体育教学模式在不同时期都以其不同的模式出现,并以其特殊的表现形式来表达体育教学的教育理念与思想,都是被作为一种教育程序或是一种教育方法体系运用到培养全面发展的人的过程当中。那么作为体育教学中一个重要组成部分的体育教学模式必然要分担体育教学的传统教育理念,并与中国人文文化相融合,为培养全面发展的人服务,同时要突出体育教学的功能——教育性,而不能单纯地侧重以培养"生物人"为目标去培养竞技夺标的所谓的运动精英。

高等院校培养的毕业生将作为国家栋梁充实到社会各个岗位,对社会的发展与建设起着决定性作用。因此,与科学、人文、健康教育相融合的体育教学新模式要本着科学、技术、技能的专项教育与人文教育、健康教育相结合的原则,有针对性地开展体育教学活动,培养能"具有体育道德精神、掌握专项技术与技能、掌握科学的锻炼方

法和竞赛规则、掌握体育保健与卫生知识,具有创新精神、实践能力和较强的社会适应能力,能形成终身体育意识"的综合型人才,并相应地融合"运动参与、运动技能、身体健康、心理健康、社会适应"等培养目标,充分体现出"培养全面发展的人"的教育理念。《中共中央国务院关于深化教育改革全面推进素质教育的决定》中明确要求高等教育要"普遍提高大学生的人文素养和科学素质",这就为我国的高等教育设定了明确的培养目标,即无论什么专业都要为"普遍提高大学生的人文素养与科学素质"服务。作为大学教育的一个重要组成部分——体育教学,势必要完全摆脱原有的传统束缚思想,确立"培养全面发展的人"的全新教育理念。从目前我国普通高校体育教学改革来看,由"项目教学"向"项目教育"转变、由"技能传习"向"文化传承"转变",并突出人文教育与科学教育的融合确实符合我国高等教育发展的趋势。随着"健康第一"指导思想在学校体育教育实践中的逐步深入,与科学、人文、健康教育相融合的体育教学发展方向已成为现代普通高等院校体育教学改革的总体方向和趋势。

作为体育教学中的重要组成部分——体育教学模式,其教育理念也自然要顺应体育教学的发展方向,确立其有自身特色的教育理念:通过对高校体育教学的认识与实践,培养出具体科学精神、人文精神、健康意识、国际视野的、综合性的、全面的、和谐的复合型人才。

三、以人为本是理论基础

以人为本的人本主义思想,也称为人文精神,是当今世界主流思想之一。人本主义思想体系的核心是重视人的主体性,在当今的教育界人的主体性也得到了广泛的关注。在教育中人文精神追求教学理论与实践的人文化,以情感、个性、主体性和艺术性为特征。把教学作为一门艺术去研究,把教学实践作为一种情意的、人性化的活动去进行,是人文主义精神的主要内容。所谓人文精神,"应当是整个人类文化所体现的最根本的精神,或者说是整个人类文化生活的内在灵魂。它以追求真、善、美等崇高的价值理想为核心,以人的自由和全面发展为终极目的。""现代人文精神以人为终极关怀的对象",其实质就是"意味着以人为本,强调要尊重人,充分肯定人的价值,重视文化教育,优化人性,提高人的素质和精神境界,树立高尚的人格理想和道德追求,使人得到自由的全面的发展。"它"强调用文化的力量教化人"。其核心就是要主动表现体育对人类生存意义及价值的终极关切。人文是为人之本,它解决的是"应该是什么?""应该培养什么样的人?"的问题。回到以人为本的体育世界,人文精神强调在对体育的认识中倾注以人为本的人文精神,而传统的生物体育观,则把注意力只集中在体育对人的生物性效果上。人本主义认为,教学的基本目的在于促进人的各种潜能的充分发展,满足人的多层次的心理需要,对人进行终极关怀,从而造就一代人格更为健全、发展更为均衡的人(全面的人)。

人文精神进入学校体育,将促进学校体育的课程改革。学校是培养人才的重要基地,单调而枯燥的传统体育教学训练虽然暂时起到了增强学生体质的作用,但学生毕业后很难再有在学校上体育课时的条件和环境,体育意识将在快节奏的现实生活中消失。要在学校中体现人文精神,必须顺应人类可持续发展的现代趋势,抓好学校体育改革,与国际接轨。

科学精神与人文精神相结合,成为教学研究的主题。科学精神和人文精神的结合在我国的过程是曲折的,有时抓住一面,而丢弃了另一面。我国传统的高校体育教学过多地重视了物质层面的东西,而轻视了精神层面的东西。在体育教学过程中本着以人为本的理论基础,有利于提高学生的体育热情和兴趣,有利于关注学生的学习情绪,尊重学生的主体地位,有利于发挥学生体育学习的主动性和积极性,有利于学生完美个性的形成,为培养全面发展的人提供了可靠依据。

科学精神,是立世之基,科学求"真",解决的是"是什么"的问题,一切违背客观事实及其规律的认识与活动,必将导致失败。要在体育中保持科学精神、科学认识、科学思维和科学态度。它是体育运动实践在人们头脑中的正确反映,也是现代体育观念的重要组成部分。

科学在现代体育的发展中并不是唯一的理性力量。科学(指自然科学)好似一柄双刃剑,它只有在与人文科学的结合中,在推进社会发展、人类进步的实践中才能发挥有益于人类的伟大力量。

在学校体育教学中要使学生积极参与各种体育活动并基本形成自觉锻炼的习惯,基本形成终身体育的意识,能独立制订适用于自身需要的健身运动处方,能够编制可行的个人锻炼计划,具有一定的体育文化欣赏能力和较高的体育文化素养。能够熟练掌握两项以上健身运动的基本方法和技能,积极提高运动技术水平,发展和提高自己的运动才能;能科学地进行体育锻炼,掌握常见运动创伤的处置方法。在某个运动项目上达到或相当于国家等级运动员水平;能参加有挑战性的野外活动和运动竞赛。为防止体育运动中存在的某些异化趋向,越来越多的学者和有识之士主张并倡导科学体育观与人文体育观的相互融通和整合,以作为对现代体育运动祛邪的一剂良药,也是避免体育教学改革多走弯路,有待新型体育教学模式的建立。

四、健康第一是指导思想

"健康第一"是学校教育的需要。学校只有把"健康第一"的思想作为工作的出发点和归宿点,素质教育才能真正得到落实,才能开展得富有实效。所以,对"健康第一"的理解与其说是通过体育对学生健康状态的改善,不如理解为在体育教学过程中注重健康观的培养和健康行为的养成。学校体育教学的目的是促进学生的身心健康。无论是体育理论知识的学习,还是运动技术的学习,都是为了学生具有锻炼身体的基本知识和基本技能。所以,只有将"健康第一"的指导思想作为检验学校体育教学工作的"试金石",才能真正区分学校体育教学质量的高与低。在高等教育与国际接轨的今天,用新的健康观指导学校体育教学正是大势所趋。在新的健康观指引下的普通高等院校体育教学模式的教育理念应由传统的单纯以增强体质为目的的健康观向为培养全面发展的人服务的健康观转变,这也可以说是我国学校体育教育的国际化转变。同时,面对我国人文教育与科学教育相融合的高等教育改革与发展趋势,现代多维的健康观也为我国普通高等院校体育教学模式的创新提出了更高的要求,即仅仅强调人文教育和科学教育与技术技能教育的融合已经远远不够,同时还要关注学生的健康情况,从而才能切实贯彻落实国家提出的"健康第一"的教育思想,为培养全面发展的完整的人服务。这也充分体现了"身、心、群"协调发展的观点。

五、确立"与科学、人文、健康教育相融合的高校体育教学新模式"的体育教学指导思想

体育课程目标的多元化必然会带来教学指导思想多元化的格局。高校体育课程改革应该在"健康第一"和"终身体育"思想的指导下,迎合国内外"科学与人文相融合"的主流思潮,根据2002年颁布的《全国普通高等学校体育课程教学指导纲要》规定的体育课程五方面基本目标,树立相应的体育教学指导思想:增强体质的教学指导思想、强调运动技能的教学指导思想、扶植学生体育社团的指导思想和凸显体育文化教育的指导思想。

(一)确立体育教学新模式的指导思想

任何体育教学模式都是在一定的教学思想或理论指导下提出来的,它是建立各种体育教学模式的理论基础,反映了模式的内在特征。它使每个教学模式都有自己鲜明的主题,支配着内容、程序、方法等其他构成因素。体育教学指导思想是体育教学模式的灵魂,不同的体育教学指导思想直接决定了体育教学过程或程序的设计,不同体育教学方法的选择也必然会产生不同的体育教学模式。根据世界卫生组织对健康概念的界定,根据教育部《全国普通高等学校体育

课程教学指导纲要》的精神,根据《中共中央国务院关于深化教育改革全面推进素质教育的决定》的总体要求,本研究认为新型体育教学模式的指导思想应该为:在高等院校体育教学中,通过体育文化的传承,结合人文教育、科学与技术、技能教育、健康教育有机融合的教育手段,促进学生身、心、群素质的全面发展,"与科学、人文、健康教育相融合的高校体育教学新模式"的教学方法体系。

结合教育学中有关教学方法的原理,根据现代体育教学改革的特点和变化特征,并依据体育与健康课程标准目标,本研究认为可供选择的教学方法很多,主要包含了体育健康知识和运动技术理论教学方法、发展学生身体体能方法、运动技术教学方法、激励与评价运动参与方法、创新发展、协调发展、绿色发展、开放发展、共享发展学生社会适应能力方法等。我们所要构建的是"与人文、科学、健康教育相融合的体育教学新模式",构建这种新模式,无非是要在最大程度上实现或者达到"运动参与、运动技能、身体健康、心理健康、社会适应"五大课程领域的目标,那么就自然要通过人文教育,科学与技术、技能教育,健康教育这三个手段来实现。这五大领域目标与体育教学模式的主导手段——人文教育,科学与技术、技能教育,健康教育之间有着密切的联系。

(二)体育教学新模式的人文手段

人文教育是"运动参与"和"社会适应"目标实现的主导手段,人文教育旨在提高人的素质和精神境界,也就是本文前面提及的"用文化的力量教化人"。当学生通过人文教育实施具有运动参与的意识和兴趣并真正想参与其中的时候,就会主动去诉求运动技能的相关知识,以达到运动参与的相对完美,这是人们的求好心理使然;而当学生主动想参与运动,并主动学习运动技能的时候,其身体健康的目标也就正在实现了;当学生懂得主动参与、学习运动技能、逐渐接近身体健康的目标时,其成就感就会日趋增强,心理健康的程度也会日渐上升,与心理健康目标的差距亦会逐渐缩小。同时,人文教育手段可以实现对学生进行和谐人际关系的教育,在运动参与时同学之间互帮互助、团结协作,也会直接促进运动技能、身体健康和心理健康的发展。

(三)体育教学新模式的科学与技术、技能手段

"科学与技术、技能教育"是"运动技能"和"身体健康"目标的主导实现手段,当"科学教育与技术、技能教育"发挥其应用的作用,使学生掌握了相应的专项知识和技能时,学生就自然会以所学专长作为运动参与的内容;当学生具有运动专长并能积极主动参与其中,运用所掌握的科学教育与技术、技能教育知识和技术、技能进行监测体质的健康状况、合理选取有效的体育健康手段时,也自然会促进其身体健康和心理健康;当学生能够达到运动参与、运动技能、身体健康和心理健康时,同学向其讨教练习技能时他(她)就会言之有物,将自己的学习心得和体会拿出来与同学交流,这也自然就在增进人际交往的同时向社会适应的目标迈进了。

(四)体育教学新模式的健康手段

健康教育是"身体健康""心理健康"和"社会适应"三个领域目标的主导实现手段,通过教学过程向学生明确健康的真正内涵和标准(身体健康、心理健康、道德健康和社会适应良好),就会使学生了解什么是真正的健康,就会使学生能够积极、主动地参与运动、学习运动技能,从而促进身体健康。而有关"社会适应"目标中体育道德的问题,正是道德健康的范畴,同时也需要人文教育作为主导手段来实施。

六、明确"与科学、人文、健康教育相融合的高校体育教学新模式"的教学目标

人的任何活动都是有目的的行为,体育教学自然也是如此。由于体育起源于多个文化的母体,又受到各个时代和国家不同的教育方针、教育思想的影响,体育教学目标的制订多年来一直是个不太明

确且争论很多的问题。体育教学目标来自体育的功能,体育教学目标是人们对体育教学的期待(价值取向),但功能和期待又不能单独成为目标,目标只能是功能和期待的结合。毛振明教授将体育教学目标定义为:"体育教学目标是依据体育教学目的而提出的预期成果。这个预期成果可分为阶段性成果和最终成果,阶段性成果是体育教学的阶段目标;阶段性成果的总和就是最终成果,即体育教学总目标。体育教学总目标是体育教学目的得以实现的标志。"❶体育教学目标与体育教学指导思想一样,都是体育教学模式制定与选择的依据。当然体育教学模式中也必然隐含着体育教学某个方面的目标,但体育教学模式中的"模式目标"与体育教学目标是不同的。体育教学目标具有全面性、整体性,而体育教学模式的"模式目标"具有侧重性。举个例子来说明一下:启发式教学模式的目标侧重于"通过开发学生的智力来参与运动技术的学习",而它在发展学生的社会适应能力,促进学生心理健康方面的功能并不突出。也就是说,与体育教学模式相关的有两个目标,一个是体育教学目标,即体育教学总目标,是由课时目标到超学段目标一级级组成的;另一个目标是教学模式的"模式目标",它是体育教学模式在单元教学时应该达到的目标。各层体育教学目标有着各自要解决的问题,学段体育教学目标就是围绕着"本学段学生的身、心、群的发展特点"来制定的;单元体育教学目标的着眼点是在进行某个项目的学习过程中所达到的对学生运动技术、技能和某种人文素养的培养,在单元体育教学目标中,考虑的是利用这个项目应该发展学生什么,能发展学生什么。单元体育教学目标是体育教学总目标的下位目标,因为单元教学是制定体育教学模式的基础,体育教学模式由单元教学目标开始,单元教学的结束也标志着体育教学模式的消亡。

由此,也再一次证明了人文教育、"科学教育与技术、技能教育"

---

❶ 毛振明.关于体育教学模式的研究[J].广州体育学院学报,2000(4):41-48.

和健康教育是相融相合的共生体,只有三者共同发挥作用,才能达到"通过体育文化的传承,培养全面发展的完整的人——具有人文精神、科学精神、健康意识的复合型体育教育人才"的体育教育理念,这也正符合身、心、群协调发展的教育观。

七、设计合理的体育教学新模式的操作程序

在体育教学中,特别强调以学生为主体,要求教师站在学生的立场上去把握运动的特性,根据对运动特性的把握,去组织体育的教材,去考虑教学方法,尽量满足学生的需求,最终使学生自发、自主、快乐地学习。学生则根据教师提出的学习内容和自己的能力建立与自己相适应的学习目标。通过练习、游戏或比赛,享受运动的乐趣,发展运动能力。从体育教学模式的概念出发,结合与科学、人文、健康教育相融合的普通高校体育教学模式的教学目标、教育理论及其指导思想。

八、建立体育教学新模式的评价体系

体育教学效果评价是对体育教学模式在实践中运作质量的检验。理论是否成功,必然要受到实践的检验,因而配备体育教学效果评定机制是必要的。如果在实践中有好的效果,我们认为此种教学模式是可取的,如果在实践中是失败的,我们就必须认真地进行反思、总结,并进行必要的反馈,检查所选择的教学程序和体育教学方法体系是否合理、正确,最后对体育教学模式重新认识和修订。体育教学模式的评价是一项重要内容,也是一项难度很大的内容,它是依据教学目标对教学活动过程及效果进行价值判断,以提供信息改进教学过程,进一步优化教学过程,并对被评价对象和模式做出某种证明。在人们的潜意识当中,体育教学的评价就是指对体育教学结果的评价,更为具体的就是对学生学习结果的评价。然而,就完整的体育教学模式评价体系来讲,它应该包括四个方面:①对教学模式本身

的评价；②教师对教师教的评价；③对学生学的评价；④对课程实施情况及实施条件的评价。

九、体育教学新模式学习评价的内容

我国以往对学生体育学习的评价内容比较单一，基本上局限于体能和运动技能的评定，较容易忽视对学生的学习态度、习惯养成、情感、责任感、合作等方面的评定。而要达到培养完整的人的教育理念，就是对学生进行全面培养的同时对其进行全面的评价。体育教学新模式学习评价的目的就是要检验学生对五大领域目标的达成程度。其主要评价内容应该包括参与程度、技能掌握程度、身体健康、心理健康、社会适应和人文素养等方面内容。

十、体育教学新模式学习评价的原则与特点

(一)原则

1. 全面性

对评价对象的各个方面实施全面考查，立足全面信息，实施全面分析，从而做出综合的判定。

2. 统一性

统一性原则需要具有层次性，即不同年级及年龄需要配备不同的标准，该标准一旦确定后，需保持统一性，即用统一的尺度公平衡量对象的水平，随意改变标准则会失去评价的意义。

3. 可比性

设计指标内容时需要充分考虑个体间存在的差异性，选择具体指标时需要淡化遗传性，突出发展性指标，确保指标的可比性。

4. 可行性

从实际出发，在遵循系统性的基础上，尽可能简化指标。首先，

适当减少评价指标数量,以此提高评价的可操作性;其次,选择评价方法时需要结合评估人员的素质水平,采用既可以确保评价科学性,又简便可行的评价方法。

(二)特点

1. 历史性

无论是近代教育中相对片面的评价方法,还是现代教育中相对全面而客观的评价方式,均表现出历史制约性特点,同时也反映出历史局限性。

2. 动态性

体育课程学习评价方法伴随着历史的进步在不断完善,所以务必坚持发展的观点,积极构建新的内涵。

3. 复合性

复合性特点主要体现在目标的多级性,大学生的认知、情感及技能活动构成多方位的体育教学评价体系,遗漏任何一项均会造成评价功能的缺失。

4. 系统性

学习评价方法具有内容选择及方法运用间的彼此关联特点,进而形成层次分明的结构,所以选择评价方法时务必要形成结构严密、有序的有机整体,这样才可以实现学习评价对教与学实施有效指导。

第三章 体育与健康教学策略

策略是从观念走向行动、从理论走向实践的路径和方法,只有把观念转化为可操作的策略,核心素养才能真正落地。体育教师应确立从知识本位到素养本位的新型教学观,运用核心素养导向的体育教学策略开展教学,才能使体育课堂真正成为培育学科核心素养的沃土。

《普通高中课程方案和14个学科课程标准(2017年版)》(以下简称《课程标准(2017年版)》)在基本理念中指出:"力求避免过于注重单一知识点以及把结构化的知识和技能割裂开来的灌输式教学模式,倡导多样化的教学方式,重视与信息技术的深度融合,注重学生的自主学习、合作学习和探究学习,将知识点的教学置于复杂情境之中,引导学生用结构化的知识和技能去解决体育与健康实践中的问题,促进学生学科核心素养的发展,培养学生的创新精神、综合能力和优良品格。"从这个段落中可以提炼出以下几个关键词:结构化、情境化、问题化、信息化,在此基础上加入核心素养培养的精神内核,推演出核心素养导向的体育与健康教学策略。

第一节 结构化的体育与健康教学策略

《课程标准(2017年版)》明确指出:"树立新的知识观,从注重单个知识点和技术教学向注重学科核心素养转变。"中国健康体育课程模式也提出:"运动技能学习以活动和比赛为主,强调用结构化的知识和技能解决复杂和真实运动情境中的问题。"为了在教学中培养学科核心素养,需要加强知识和技能的有机联系,使体育教学呈现结构化特点。

一、结构化的体育教学

结构化的体育教学就是每堂课都让学生进行多种动作技术的学练,参加形式多样的展示或比赛,增强知识点之间或动作技术之间的有机联系的教学过程。它与传统教学最大的区别是避免在课堂上孤立、静态地进行单个知识点或单个技术的教学。教学中始终强调用关联性的、结构化的知识和技能解决问题。这样的教学不但能够促进学生掌握和运用技能,提高体能水平,培养学生分析问题和解决问题的能力以及创新能力,而且能够培养学生顽强拼搏、挑战自我、团结奋进、追求卓越、遵守规则等体育品德。

结构化的体育教学主要体现在四个方面:第一,学科内知识间的相互融会与贯通;第二,学科间知识的相互渗透与支撑;第三,学科知识与学生活动经验的和谐结合;第四,学科知识学习与学科核心素养形成的有机统一。

二、开展结构化的体育教学

开展结构化的体育教学要引导学生学练多种单个技术、组合技术和战术,并要创设对抗和比赛情境,让学生在这样的复杂情境中综合运用多种知识和技能去解决问题,突出学生综合能力的培养。在实际操作方面,可以通过开展整体化教学或主题化教学来实现体育教学的结构化。

(一)整体化教学,实现知识的横向联系

学习的最基本规律就是由整体到部分,再由部分回归到整体。对一个事物先有一个整体结构上的认识,再认识事物各个具体的部分,然后找到各部分之间的关系,形成对事物的完整认识。

因此,开展整体化体育教学就是要每堂课都进行完整运动的学练,加深学生对这项运动的理解,提高整体运动能力。这就需要根据运动项目特点,组合技战术的结构,强化技战术的运用。如把篮球的运球和投篮技术结合起来、把排球的传球和扣球技术结合起来教学,明确技战术的运用时机,然后创设知识技能的应用情境,让学生在游戏或比赛等活动中发展核心素养。

(二)主题化教学,实现知识的纵向联系

学习者掌握了知识之间的横向联系还不够,还要找到知识之间的纵向联系,这就需要一个整体的大知识观,由这个大的知识观产生的大的教学观,就是主题化教学。

因此,开展主题化的体育教学就是要围绕某一主题,有针对性地将运动技能、体能、健康知识、跨学科知识有机结合起来,让学生在经历主题学习过程的同时,掌握多种知识技能,提高融会贯通的能力。如教学中可以围绕"野外生存"这一主题,将跳跃、滚翻、攀爬等运动技能和地理、生物知识融合到一起,提高学生的综合实践能力。教学中还可以围绕某一技能主题展开合作与探究,引导学生运用物理学知识分析动作原理,设计改进动作质量的辅助手段,培养学生分析问题、解决问题的能力。

第二节 情境化的体育与健康教学策略

情境是"汤",知识是"盐"。盐只有溶于汤才好入口,知识只有融于情境,才好理解和消化。可以说,情境是知识转化为素养的桥梁。为了在体育教学中培养学科核心素养,需要将知识技能融于复杂情境,使体育教学呈现情境化特点。

一、情境化的体育教学

情境化的体育教学就是将知识点和技战术融于复杂的情境之

中,引导学生主动运用知识与技能来分析问题和解决问题,将原本枯燥无味的学练过程转化成主动探究和自觉接受的过程,也是提高学生的学习积极性和学习效率的教学过程。

情境化的体育教学强调"以用为本",将知识技能的运用作为学习的目标,即"因用而学""学以致用"。教学中将运用知识技能作为学习的方法和手段,把知识与技能的运用过程看作知识与技能的学习过程,使学生能够在复杂情境中进行学练和比赛,逐渐形成运用结构化知识和技能解决问题的能力。

复杂情境是相对于简单情境而言的,如一堂课只让学生学练"原地双手胸前传球",就是一个简单的、没有变化的学习情境,这样的情境只会使学生感到单调乏味,毫无乐趣。如果进行2—3人行进间双手胸前传球练习、双手胸前传球与运球及投篮的组合练习,2打2或3打3等比赛活动,这样的情境就能激发学生的学练热情,培养学生在面临变化、复杂、真实的情境中提高技战术的运用能力以及解决问题的能力,也能促使学生学会甚至精通一项运动。

二、开展情境化的体育教学

开展情境化的体育教学需要回答两个问题:一是有利于发展学生学科核心素养的情境(有效情境)具备什么特质?二是如何创设有效情境?

(一)有效情境的特质

有效情境需要有一定的真实性并和学生从事的活动有某种联系,使学生产生情感的共鸣,引发学习的兴趣和动力。因此,体育教学中的有效情境应当具备以下四个方面的特质。

1. 基于生活

情境的创设要基于生活,要充分考虑学生的认知水平和生活经验,其关键点是教学内容与实际生活相吻合。要做到这一点,教师需要精心设计,把学生带到熟悉的情境中,让学生入境动情,明理知味,激发其参与运动的动机,如球类比赛中的技战术应用情境、体能练习中克服困难的情境、同学之间互相保护帮助的社会情境等。体育与健康学科核心素养培育背景下,体育教学的目的就是让学生将所学及所悟应用到实际生活当中,利于未来发展。

2. 结合项目

情境的创设要结合运动项目的特征,紧扣学习内容,凸显学习重点,促使学生学习、掌握和运用运动技能。例如,田径项目教学中围绕"个人目标挑战、与人竞争比赛、锻炼运动处方"等方面创设情境,体操教学中围绕"非正常体位运动、形体美需求、运动中的畏难情绪"等方面创设情境,足球教学中围绕"多人齐心配合、角色职责体验、抗干扰射门得分"等方面创设情境。

3. 形象生动

能够诱导学生全身心投入的情境一定要形象生动。首先应该是感性的、看得见的、摸得着的,能丰富学生的感性认识,并促进感性认识向理性认识转化和升华;其次应该是形象的、具体的,能有效刺激和激发学生的想象和联想,使学生能够超越时空限制,获得更多学习体验。在教学中可利用比喻来设置生动的情境,如在进行短跑的蹲距式起跑动作教学时,可用"弯弓搭箭待令发,启动猛似箭离弦"的比喻为学生创设生动形象的情境,使其对起跑时的姿势和快速起动有深刻的理解,从而激发其练习的积极性。

4. 内含问题

有价值的情境要内含问题,这样能有效地引发学生思考,引导学生自主探究和解决问题。内含问题的情境能培养学生的好奇心,充分激发学生的学习兴趣,练习过程中教师引导学生进行多向思维、发散思维,能够拓展他们解决问题的思路,对技术动作的理解会更加透彻,提高学生参与运动的积极性,帮助学生牢固掌握技术。如进行弯道跑教学时,为了让学生掌握弯道跑技术,体会弯道跑时身体姿势的变化,教师应安排学生分别在大圆弧线、小圆弧线及直线上进行练习,并提出"体会三者的身体姿势和感受有什么不同"等问题,让学生通过自己的练习体会总结三者的不同,从而加深对弯道跑技术的理解和掌握。

(二)创设情境的方法

情境既可以是虚拟的,也可以是现实的。教师可以通过语言、音频、视频等手段创设观念的、想象的、情意的、问题的虚拟情境,还可以通过布置场地、开发和运用器材等手段创设现实情境。

1. 通过语言描绘情境

教师的语言描绘对学生的学习起着一定的导向作用,使学生头脑中呈现出运动场景。如足球教学中可以把射门练习描绘成世界杯决赛的点球大战情境,培养学生的心理调节能力;跳远教学中可以描绘出跨跃河流的场景,使练习变得刺激又有趣。教师还可以通过提问、创设问题情境,引导学生开展探究活动。

2. 通过实物模拟情境

体育场地和器材都可以用作模拟情境的道具。如排成一路的跨栏架可以模拟钻山洞的情境,堆在一起的体操垫可以模拟孤岛求生的情境,摆在地上的两根跳绳可以模拟跨跃水沟的情境。这些情境可以激活学生的形象思维,帮助学生集中注意力,调动学生参与的积极性。

3. 通过图像展现情境

图像能够形象生动地展示运动场景。随着多媒体技术的不断发展,图像呈现动画特点,给学生带来了新的视觉感受。通过视频动画创设出的情境不仅更易于理解和接受,而且能够产生强烈的吸引力,使学生更易于投入学习。

4. 通过音乐渲染情境

音乐可以调节人的情绪，音乐旋律和节奏的变化会营造出不同的学练情境。教师可以根据教材内容特点、教学目标、项目风格以及学练需求，选择合适的音乐素材，为提高教学效果而实施相应的配乐。

5. 通过角色扮演情境

教学中可以让学生通过扮演角色来产生角色效应，促使学生带着角色真切感受并投入自己的情感去理解体育运动的乐趣，加深学生对运动项目的理解。如在篮球单手肩上投篮教学中，可以让学生扮演自己喜欢的球星，模拟 NBA 比赛罚关键球的情境，使其感受赛场上运动员的压力，然后通过主动调整心态，运用正确的技术动作把球罚进。

第三节　问题化的体育与健康教学策略

问题是触发学生思维的引擎。没有问题的教学难以激发学生的求知欲，导致学习动力不足。没有问题的教学也不能引导学生深入思考，使学习停留在表层和形式上。为了在体育教学中培养学科核心素养，需要坚持问题导向，以问题引领学习活动，使体育教学呈现问题化特点。

一、问题化的体育教学

问题化的体育教学是指将一系列精心设计的问题贯穿教学过程，引导学生参与复杂情境下的学习活动或比赛，培养学生分析问题和解决问题的能力，促进学生核心素养的发展，培养学生的创新精神、综合能力和优良品格的教学过程。

问题化的体育教学强调"探索实践"，注重学生的自主学习、合作学习和探究学习能力。其具体做法是将学生在掌握、提高和运用某类运动技能过程中可能存在的问题梳理成"问题链",引导学生展开实践活动和探究活动,分析遇到这些困难的原因,并尝试运用结构化的知识和技能解决问题。

二、开展问题化的体育教学

开展问题化的体育教学需要回答两个问题:一是有利于发展学生学科核心素养的问题(有效问题)具备什么特质?二是如何设计和运用问题?

(一)有效问题的特质

教学中有效的问题必须能够引起学生的参与热情,能够引发思考,且问题分布具有层次性和系统性。因此,体育教学中的有效问题应当具备以下两个方面的特质。

1. 能引发思考

有效的问题要能够引起或启发学生深入思考,这需要具备三个条件。首先,问题必须是学生不完全知晓或未知的,必须通过实践和思考才能找到答案;其次,问题必须是学生想要弄清楚或尝试解释的,学生要对其产生探索欲望,愿意深入探究问题,并努力解决问题;最后,问题必须与学生的认知水平相当,学生可以运用现有的知识和能力探索出结果。如果问题太难,学生无论如何都不能解决时,这个问题也就失去了吸引力。

2. 呈现关联性

教学的问题不应是孤立的单个问题,而是呈现出一定的关联性和递进性,贯穿于整个教学过程。每个问题之间应该有紧密的联系,问题的深度应该层层递进,形成结构清晰的问题链,进而帮助学生构建一个结构化的知识、技能体系,促进学生体育核心素养的全面发展。

(二)设计和运用问题的方法

要想设计有效的问题,教师要对教材和学生进行全面而深入的分析,在明确教学重难点的基础上进行问题设计。问题的思考和设计要以教学重难点为依据,问题与问题之间应呈现出内在关联,符合运动技能形成规律和认知规律,最终以"问题链"的形式呈现。

问题的运用是通过设计解决问题的学习活动来实现的。学习活动应呈现出自主学习、合作学习和探究学习的特点。在教与学的活动中教师发挥主导作用,通过问题开启学生的探索之旅,提出学习活动的要求,把握学练方向。学生充分发挥主体作用,通过小组合作解决问题,完成教师布置的任务。

第四节 信息化的体育与健康教学策略

《课程标准(2017年版)》明确指出线上线下学习深度融合,提高学生的信息素养。为了在体育教学中培养学科核心素养,需要融合信息技术,实现教学的高效性和多样化,使体育教学呈现信息化特点。

一、信息化的体育教学

为了应对信息技术对教育发展所产生的革命性影响,促进体育与健康课程内容、教学手段和方法的现代化,教师应秉持以学习者为中心和技术支持学习的理念,在体育与健康课程中重视利用现代信息技术手段,将多媒体、电子白板、智能手机、运动手表、心率监测仪、计步器、加速度计等信息技术手段深度融合到体育与健康课程教学中。同时,尝试在体育与健康课程中开展微课、慕课、翻转课堂等教学,促进学生体育与健康课程的线上与线下学习相结合,为学生提供更多现代化的学习体验,提高学生的信息素养。

信息化的体育教学是在教学过程中充分利用现代信息技术和数

字化手段,实现个性化和多样化的学习,提升学习活动的互动性和生成性的教学过程。体育教师可根据教学目标和对象的特点,合理选择和运用现代教学媒体,为学生提供多样化的学习内容、跨跃时间空间的学习资源以及多种形式的学习评价。

二、开展信息化的体育教学

开展信息化的体育教学需要回答两个问题:一是有利于发展学生学科核心素养的信息化教学(有效信息化教学)具备什么特质?二是如何在教学中整合信息技术?

(一)有效信息化教学的特质

信息化的体育教学能呈现线上线下相融合的学习经历,以及为个性化教学提供精准指导和学习推送。因此,有效的信息化教学应当具备以下三个方面的特质。

1. 直观高效

利用信息技术进行体育教学,不仅能图文并茂、声像并举,而且直观形象,能够把语言无法准确描述的动作演示得一清二楚。教师要根据教材内容和教学目标,制作多媒体课件,通过信息技术,以生动鲜明的画面和视频呈现出来,帮助学生更快、更好地把握动作细节,提高学习效率。

2. 互动生成

信息化时代下,体育教学中生成的资源也可以被充分利用。在互联网的支持下,移动便携式电子设备(智能手机、平板电脑、相机、运动手表、心率监测仪、计步器、加速度计等)可以将学生的学练行为和身体技能状况准确、及时地记录下来,作为教学评价和反馈的重要资源,帮助学生提高分析问题和解决问题的能力。

3. 资源共享

通过信息技术可以实现教学资源快速共享。学生和教师可以通过浏览网站、观看视频、微课学习和在线讨论等形式进行网络学习。教师还可以将动作技术的重难点学习制作成微课,分享专业体育网站的视频链接,帮助学生获取更多学习资源。

(二)教学中整合信息技术的方法

1. 通过信息技术进行演示

在体育与健康教学中,运用信息技术的文、声、图、像等表现功能,不仅可以丰富教学内容,还可以将教学内容化繁为简,把教学难点分解成图像,变抽象为直观,让学生对运动技术形成的过程一目了然。这有利于让整个课堂充满活力,创设良好的学习氛围,成功激发学生的学习兴趣和求知欲,让学生体会学习和运动的乐趣。

2. 运用多媒体设备实现动作分层显示

在体育与健康教学中,有很多动作技术结构复杂,需要在一瞬间完成一连串的动作,如田径跳跃项目中的腾空动作、技巧类的滚翻动作、投掷类的最后用力顺序等。这些动作很难用言语描述清楚,讲解难度大,示范效果受教师身体状况、学生观察角度和时机等影响,大多不尽如人意,这必然会影响学生的学习效果。通过计算机制作多媒体课件来展示各个技术环节或利用课件中的动画及影像进行慢动作、停镜、特写、重放等相结合的讲解,则可以帮助学生清楚地了解动作技术的每一个瞬间。教师还可以通过动画对比展示错误动作及纠正方法,帮助学生抓住动作技术的关键,突出重难点,更快、更全地建立正确的动作概念,提高学习效率,缩短教学过程。

第四章 高校体育教学方法的改革

现代高校教育理念促使高校体育在教学整体中的位置越发突出,单纯追求理论学科成绩的高校教育体制已经被淘汰,体育发展能够为学生全面发展带来积极作用的理念被广泛认可。本章从高校体育教学方法的现状、高校体育教学方法的发展和高校体育教学方法的选择三个方面进行阐述。主要包含高校体育教学方法的运用现状及问题、改善高校体育教学方法的措施、体育伦理教学方法的发展与运用、选择体育教学方法的依据、体育教学方法的选择和应用原则等内容。

第一节 高校体育教学方法的现状

一、高校体育教学方法的运用现状及问题

(一)高校体育教学方法的运用现状

体育教育是我国高校教育的重要组成部分,高校作为人才培养的重要基地,培养高素质的综合人才是其教学的根本目的。体育教学的推进,直接关系到素质教育的实践效果以及高级综合人才的培养。高校体育教育作为我国教育模式中体育教学的综合性和末端性环节,对学生体育理念和体育锻炼习惯的最终形成具有决定性的作用,这一时期的体育教育,很大程度上决定了学生未来的生活锻炼方

式、生活习惯以及"他们能否为祖国健康工作50年"。

1. 传统体育教学方法

在传统的体育教育中,最为普及的教学方法当属"开始—准备—基础—结束"这种传统的"四段式"教学方式。这种教学方法的主要衡量标准就是"学生掌握运动技术和技能"。因此,很多体育教学工作者在教学中过分注重动作讲解和动作示范,并没有考虑学生是否真正喜欢或者能够接受,也没有考虑学生吸收接受的程度有多少,从而造成教学工作的"失衡"。

传统体育教学方法的核心就是过分追求运动竞技,要求每个学生都能够达到一定的标准,掌握各种运动技能,并要求他们在精度、速度等方面有所进步;在教学实施过程中,总是强调动作的分解和示范,然后让学生进行模仿和反复练习。

在实际的教学中,多采用以下教学方法:①反复练习法——将某一动作或者技能进行多次练习。②讲解示范法——讲解某一个动作或者技能后,进行示范,让学生们模仿学习。③分解教学法——将某一套完整复杂的动作技能进行分解,逐步进行分析。④保护帮助法——为保护学生安全,体育教师在教学中进行动作保护。

这些"四段式"传统体育教学,不仅让课程显得"呆板"、学生变得"呆板",更让学生因为缺乏实际体验而难以掌握体育课程中的精髓,同时也阻碍了学生各种潜能的发掘和发挥。

传统"四段式"体育教学在实际教学的每一个环节都强调着教学的重点,包括体育教学工作者的工作重点和学生们所需了解的学习重点。在"四段式"的开始部分,强调的是对这节课程的声明工作,讲授这堂体育课程的教学内容和工作。体育教师往往是根据事先准备好的教学方案来进行阐述的。学生在这一阶段中,几乎都没有很大的学习兴趣,还没有进入学习的状态,因为他们已经熟知老师会在这一堂课开始时强调哪些内容。

在实际的运动技能传授课程中,这"开始部分"更多的是"通知内容",也就是对体育课程中的主要内容进行"宣读"和"下达",并没有真正地引导学生,吸引学生积极参与课堂教学。一般来说,这部分非常重要,注重课程引导,且引导的方式正确,能够让老师的教学工作非常轻松,达到事半功倍的效果。

2. 现代体育教学方法

现代体育教育引入"终身体育"一词,终身体育目标的设立对于教学内容、教学方法改革都产生了深远的影响。从指导思想上来看,终身体育体现出"健康第一"的宗旨,而且强调阶段效应和长远效应的有机结合。学校体育是终身体育的一个非常重要的发展阶段,学校体育为在职体育和社会体育奠定了相应的基础,为终身体育目标的实现提供了可能。为了将体育教学与终身体育有机结合,要着力培养学生的体育兴趣、意识、习惯和技能,在教学方法上要遵循以下原则:快乐体育原则,自觉与经常性原则,从实际出发原则,全面性原则,主体性原则,多元化原则。

探究教学法、合作教学法等也常运用于高校体育教学。探究教学法是体育教师通过创设一定的条件和氛围,积极引起、促进、帮助学生进行探究性学习的一种教学方法;合作教学法是师生共同参与,以小组合作为基本形式,通过小组成员相互配合、帮助来促使学生提高合作意识,进而实现学生共同提高身体素质与适应体育兴趣的教学模式。因此,"终身体育"观念的树立,对整个体育教学的改革与发展都有着重要的实践意义。

在现代体育教学方法的探索研究中,"模式"一词运用较多,好像始终在引领方法的改革与发展。但在体育教学模式中存在着诸多不同的意见:①模式属于方法范畴,有的学者认为模式就是方法;又有学者认为模式是多种方法的综合;②模式与方法有区别,方法在具体的时间、地点、条件下表现出不同的空间构架和时间顺序,形成不同的模式;③模式与"教学结构功能"紧密相连,教学模式就是人在相关的教学思想指导下,对教学结构做出的主观选择。

以上不同的方法都从不同的侧面反映着体育教学模式的内涵。从体育教学模式角度来讲，可以系统地分为体育教学理念模式、体育教学原理、体育教学的操作模式以及体育教学的技巧模式四个方面。而在体育教学方法的视域下，高校体育教学的具体方法也可以分为体育伦理教学、反思性教学、情境教学以及实用运动技能教学四大类教学方法。

但是，无论是传统的体育教学方法，还是现代体育教学模式，都在实际教学过程中暴露出抑制高校学生自主学习发展的问题，这也正是当前高校体育教学方法改革的主要方向。

(二)高校体育教学方法引发的问题

1. 学生的自主学习能力受到限制

在体育教育过程中，学生借助体育课堂的开放式教学，解放传统课程学习过程中的环境等限制，充分体验体育课程的乐趣，并充分实现学生之间、教师与学生之间的互动，真正成为课堂的主体，掌握体育技能和专业知识，并解放思维。由于体育教育的互动要求较多，具有课程特殊性，所以它更加需要学生和教师都能主动地参与到这个特殊的教学环节中。

传统的"四段式"体育教学方法不仅阻碍了学生主观能动性的发挥，也影响了教师教育工作的成效。

2. 学生的个性发展受到限制

传统"四段式"体育教学方法注重的是课程的传授完整程度，整个过程中，主要是体育教师"传授"内容，学生"接收"学习内容，使得开放式的体育课程失去了本身独特的"趣味性"和"真正的教学意义"，限制了每个学生的个性发展。传统的体育教学方法没有考虑到对学生个性发展的保护，从而让教学形式和教学内容变得单一，使本身处于不同的年龄段、拥有不同性格的学生接受着相同的教学内容。

3. 重实践轻理论

为了改变传统体育教学方法中过度重视理论教学的问题，许多高校减少了传统体育理论课程教学课时的安排，有些高校甚至直接取消了理论课程的传授，直接改为实践课程，虽然这一大胆的实践创新给予体育教育工作者更多的实践空间与学生进行互动，深入探索体育课程实践，也给予学生们更多的自由空间对体育运动进行准备和学习。但是，这样做的结果不仅与国家的教育需求不符，也会让真正的实践教学效果大打折扣，不仅不能提升学生们的学习效率，还会助长学生们放纵、肆意的学习态度。

4. 体育教学内容与教改需求脱轨

与传统体育教学方法相比，现代体育教学方法更加注重学生的主体地位，注重培养学生的开放性思维。但正是由于存在这一差异性，现代体育教学方法在具体的实施过程中所教授的体育教学内容无法与教学改革接轨，现代体育教学方法过度的教学创新，使得体育教学内容缺乏科学性，忽略理论教学的重要性，学生们的理论基础不牢固，因此就造成了体育教学实践中所传授的课程内容缺乏理论支持，轻则让学生们"死记硬背""生搬硬套"这些运动动作，很难真正掌握运动技能要领，重则让学生们面临运动安全隐患，造成运动损伤和运动伤害。在教学实施上，忽略技术应用性和延展性教学，突出运动技术的应用性，没能从长远着想进行体育教学，忽略了学生们的自主性和创造性发展。

二、改善高校体育教学方法的措施

(一)体育教学要素的培养

1. 高校应该注重学生体育运动理论知识培养

各大高校应该重视对学生运动技能理论知识的培养，积极推进运动技能学习与控制理论课的开设。一般来说，高校将体操、田径、足球、篮球、排球、武术、游泳7项列为体育教育专业运动技能的必修课较为合理,选修课要兼顾与中小学课程可以对接的运动项目。在课堂组织形式上,可以将相关的几门选修课集合成一个个模块,提供一定导向性的知识体系。各高校可以利用大三下学期和大四的时间,再次开设曾开设过的必修运动技能基础课,有利于学生对基础技能的巩固,并提高教育实习的质量。

2. 高校体育教师专业素养的培养

高校应当加强对体育教育专业教师能力的培养,不断更新教学观念,重视对青年教师的引进。对运动技能教学方法的选用可以综合考虑运动技能形成的各阶段、教学内容和学生特点,根据具体的课堂需求组合选用教学方法。同时,在教学过程中,从运动技能迁移的角度出发,采用由简到繁、由易到难的教学方式,合理利用技能间的正迁移。

3. 高校体育教学系统的建立

体育教学的培养目标应该以应用型人才为导向,体现以人为本的教育理念,彰显层次性和地域性差异,加强对运动技能的指导。

针对目前部分学校存在的人数多、场地少的问题,学校可以借助微信等公众平台,及时更新场地的使用空闲情况,提高场馆的使用率,保障教学的顺利开展。

为了保证运动技能培养各个要素环节之间的衔接,提高运动技能学习的系统性,教师和学生之间需要建立双向的、稳定的监督机制,争取取得最优的培养效果。

(二)注重培养学生体育运动的主动性

1. 提高学生对运动技能的认知

提高学生对运动技能学习的认知,树立正确有效、符合实际的运动技能目标,正确认识运动技能形成过程中的保持与消退现象;加强针对学生身体素质的练习,为运动技能的提高做好铺垫;鼓励学生进行运动技能的自主训练,可采用兴趣班、运动队的方式,督促学生进行练习。

首先,要帮助学生设立一个切实可行、符合自身实际的学习目标。目标的设立将直接关系到学生运动技能练习的效果。目标可以激发出学生学习一项技能的兴趣,在运动技能的练习过程中一定会存在这样那样的问题和困难,设立一个切实可行的目标是解决这些问题的办法之一。一个正确有效的目标是学习运动技能的开始,由于过去的经历和学生的身体素质等个体特征都和目标的效果有关,因此教师在帮助学生设立目标时应因人而异,既要设立短期目标,又要设立长期目标。

其次,要引导学生充分认识运动技能的保持与消退现象。运动技能的形成是一个持续的、跌宕多变的渐进过程,时快时慢,这些都是正常现象,是暂时的。需要正确认识运动技能学习过程中的保持和消退现象,在技能学习过程中,由于各类影响因素,技能的提高会出现停滞的"平台"现象,甚至出现消退。这时我们应正确认识,有针对性地解决问题。一旦出现消退情况,应立即调整情绪,调节状态,待身心状态恢复正常后再进行学习。

2. 加强学生练习身体素质的主动性

运动技能的提高建立在学生拥有较好身体素质的基础之上,根据调查,运动技能水平高的学生身体素质较好。身体素质的不断提高可以进一步促进学生运动技能的发展。目前,运动技能课教师已经意识到身体素质的重要性,大部分教师在技能课上都会进行身体素质的练习,在今后的课堂教学过程中,加大对学生身体素质的训练,提高身体素质训练占课堂的比重,将会进一步加快学生技能水平的提高。同时,一部分学生因为入校之前对于体育接触较少,身体素质较差,教师在今后的教学过程中,应该对学生身体素质进行分层教学。在有限的课堂时间内,对不同身体素质的学生进行适合自己条件的身体素质练习,不能一概而论,使基础较差的学生一步一个脚印地奠定良好的身体素质条件。另外,体育教育专业学生在课后进行运动技能练习的氛围并不高涨,在这种情况下,教师可以利用课余时间开展兴趣班,鼓励学生多多参与,督促学生进行更多的运动技能练习。

3. 引导学生增强运动技能自主训练

运动技能提高的关键因素之一就是练习,练习得越多,运动技能进步得就越快,掌握得就越熟练。我们熟知的科比、小德等世界体育明星,也是在每天不间断的练习中提高自己的运动技能水平的。现在的大多数学生习惯了应试教育"填鸭式"的教学方式,习惯了被教师和家长"逼着"学习,初入大学之后,对教师"松散"的教学方式不适应,只要教师不要求,学生便不会去练习。因此,教师要积极培养学生的练习主动性,激发学生的学习兴趣,注重对学生学习动机的培养。影响学生学习效果的一个重要因素就是学习的动机。高度的动机水平能促使学生投入更多的精力去学习,运动技能的学习过程是一个以目标为导向的过程,当学生感觉自己的运动技能有所提高的时候,学生的自信就会不断增加,能够进一步提高学习动机水平。当学习的内容无法激发学生学习热情的时候,教师就要采取一些适当的方法激发学生的学习热情。比如,教师可以采用分小组学习、组内讨论的方法,激发学生的自尊心和好胜心,同时,对学生的动作进行课堂录像,课后一起观看、讨论、纠正,这样会促使学生积极地练习。

此外,让学生自己确立学习目标。当学生可以自己选择学习目标,并且鼓励自我评价的时候,学生就会逐渐意识到自己运动技能的提高,并进一步加强学习的动机。

(三)科学合理地选用教学方法

教学方法指的是在整个教学过程中,教师和学生为了有效地达到教学目的而采取的教与学之间相互作用的方式的总称。好的教学方法就像是打开运动技能培养这所大门的钥匙,只要采取的方法合适,运动技能就会明显改善。

现代体育科学技术在体育运动领域广泛渗透与移植,有力地促进了教学方法的科学化进程,近几十年来,教学方法的改进大大促进了运动成绩的提高。随着学生运动技能的不断发展,教学方法也要随之改变。运动技能教学方法的发展受到多方面因素的影响,在对高校体育教学方法选用情况研究的基础之上,结合运动技能形成规律以及实际情况,通常建议从教学方法选用的时机、教学方法选用的原则两方面来考虑。

中国近代体育教学从1903年以来,已走过100多年。体育教学随着学校教育的发展而不断发展。体育教学方法也随着学科的发展而不断发展,从训练方法和师徒式的传授方法发展成有自己特色的方法体系,既含有一般教育学的方法,又含有体育这个特殊学科的专门方法。

中国现代学校教育从19世纪中叶开始发展,教学形式打破了以前的私塾教学,开始实施"分斋教学法"和班级授课制,主要形式是传授式。

20世纪初,一些法规政策陆续颁布,如1903年颁布的《奏定学堂章程》、1912年颁布的《壬子学制》、1922年颁布的《壬戌学制》等,这些政策的颁布使得学生的教学活动得以延续和发展,也给体育教学带来了新的机遇和制度保障。当时的教学引进了很多西方的教学方法,如设计教学法、启发式教学法等,这些新方法与传统方法形成了中西交融的局面。中华人民共和国成立后,中国的体育教学全面"苏化",而苏联教育强调的是教师主导论,教师就是权威和领导者,导致教学方法又回到原先的"传授式"教学。改革开放后,先进教育理念的影响、多学科知识的渗入,新的体育教学方法不断涌现,如发现法、探究法、情景法、小群体法等,给体育教学带来了无限的活力。

体育教学方法的不断发展和完善,充实了体育课堂内容,实现了体育教学目标,完成了体育教学任务。

体育教学方法的历史发展也给我们留下了深刻的反思：①体育教学方法是随着学校教育的发展而不断发展的。②体育教学方法实现了中西交融，既显示了本土的传授功能，又凸显了西方的人文特性。③体育教学方法受教育学、心理学、生理学等学科理念的影响越来越大，移植的方法也越来越多。

第二节　高校体育教学方法的发展

一、体育伦理教学方法的发展与运用

(一)体育伦理教学方法的内容

"爱智"是中华民族的传统美德，是推动现代科学技术发展和社会文明进步的重要精神力量。在我国古代，智与仁、勇两个道德规范并举，被视为"三达德"；作为"五常"之一的智也与仁、义、礼、信共同构成了中华民族最基本的伦理道德规范，成为中国价值体系中的最核心因素；在西方，智慧则与公正、勇敢、正义一起构成了人的四种核心美德，史称"四主德"。

"智德"既是智慧的主要形式，也是智慧的高级形式，是智慧与道德的结合与统一，俗称道德智慧。人有智慧，但不一定具备完善的"智德"。"智德"是一种择善去恶的特殊能力与内在品质，是人类创造文明、形成一切美德的理性前提和基础。自古以来，"智德"广受推崇，成了一个人生存与发展的支撑点。

"智德"培育是高校体育教学的深远方向，体育伦理教学方法不断受到人们关注，高校力图通过体育与教育、理论与实践相结合的研究，完善"智德"理论，弥补其在学校体育与体育伦理理论研究上的不足之处，引发体育人对体教结合的关注，以体载德，以体促智，最大限度地把这种培养提升到学生自身的意识习惯方面，为他们的全面健康发展做出贡献，也为最终实现人性的真、善、美，造就德才兼备的高

素质人才做出贡献,更为促进社会和谐发展、培育新时代的民族精神、形成文明道德风尚、加快实现中华民族伟大复兴的"中国梦"做出贡献。

(二)伦理性教学方法对高校体育教学的启示

正确认识体育教学领域中的"智德"问题,必须从传统"智德"角度出发,揭示传统"智德"观的内涵;必须从传统向现代转型的角度出发,揭示现代"智德"观的内涵;必须从当今主体的"智德"需要角度出发,揭示生活中"智德"的内涵。伦理性教学在高校体育教学中具有积极的影响。

体育运动中的"智德"是一种独特的伦理型的文化意识形态,它通过体育运动而形成并集中体现人类的能力、技能与高尚道德品质的总和。体育运动中的"智德"还可以理解为:以体育这个独特的教育活动为媒介,所有参与者在体育这种自我教化活动中发展理性与心智、培养自身的意志品质,升华自己的内在精神,实现自身人格的完善,是人的智慧与道德在体育运动中的综合体现,是集合各种运动项目文化于一体的统称;体育"智德"文化,即是体育文化的彰显。

学校体育教学、伦理教育、"智德"的关系包括以下几方面内容:"智德"属于伦理教育内容,是学校体育教学的重要内容之一;学校体育教学是伦理教育实现的有效途径之一,也是"智德"获得的重要形式;伦理教育是学校体育教学中不可分割的重要组成部分,更是"智德"获得的基础。学校体育教学、伦理教育、"智德"三者密不可分。

学校体育中"智德"体现为学生的"智德"精神文化形态、学生的"智德"行为文化形态和学生的"智德"文化形态。

学校体育中"智德"培育的价值包括微观价值和宏观价值两方面。微观价值体现在:培养道德素质,锤炼精神品质;强化规则意识,规范个人行为;增进审美实践,提高审美情趣。宏观价值体现在:为建立社会生活新形态优化国民综合素质;为国家强盛直接提供明显有效的支持。

通过学校体育课(包含理论课和实践课)、课外体育活动(包含集体活动和个体活动)、运动训练和体育竞赛来实现学校体育中"智德"的培育。

(三)高校体育伦理性教学方法的应用发展

体育不仅是教育的重要组成部分,也是现代生活的重要内容;体育伦理不仅是竞技体育的价值规范,也是学校体育的理论视域。但是,目前我国体育伦理学界把研究的目光更多地投入竞技体育伦理道德研究中,从而对学校体育伦理的关注度相对更少一些,而且体育伦理与学校体育相结合的文章大多也都集中在学生体育伦理行为的探讨上,而对伦理道德的具体内容与学校体育教学实践相结合的探讨与研究还不多见。

近年来,关于体育道德的文献有六百余篇,"智德"作为中华传统美德之一,也属于伦理道德范畴,以"体育道德智慧""体育智德"为主题进行检索,可发现其研究中的缺陷,从体育伦理视角研究智德的理论成果可谓屈指可数,只有王诚娟的《体育教学中如何提高学生的道德智慧》一文与"体育智德"关系密切,到目前为止,我国还没有出现一篇直接以"体育智德"为题的论文。❶可见,"智德"在体育伦理学领域的探讨与研究目前还处于初级阶段,尚属薄弱环节,在学校体育伦理领域更是如此。我国把学校体育教育与传统"智德"教育结合起来进行研究的文章大多集中在体育中如何培养学生智慧层面上,如谢亚娥的《体育教育与学生情感智慧的培养》❷、马少莲的《学校体育教学应重视学生"身体智慧"的发展》❸、茅鹏的《运动能力与训练智慧》❹

---

❶ 王诚娟.体育教学中如何提高学生的道德智慧[J].新课程学习(基础教育),2010(5):193-194.

❷ 谢亚娥.体育教育与学生情感智慧的培养[J].宁波职业技术学院学报,2002(3):83-84.

❸ 马少莲.学校体育教学应重视学生"身体智慧"的发展[J].山东体育学院学报,2003(1):32-53.

❹ 茅鹏.运动能力与训练智慧[J].体育与科学,1999(2):23-25.

等文献资料,还未上升到一个更高的层次,将"智"作为伦理道德范畴进行研究。我国体育伦理学领域仅有王诚娟的《体育教学中如何提高学生的道德智慧》一文将智作为伦理道德范畴进行了探讨,文章分别从道德智慧表现的四种形态出发,从体育视角论述了提高学生道德智慧的方法以及如何内化为学生的品质,但是,其研究对何为体育中智德的理解尚显肤浅,论述还不够深入,缺乏深层次的剖析。

目前,国内外伦理学界关于智德问题的研究在某种程度上取得了一定成果,这为后续的学习研究提供了有价值的参考,但从总体上看,其还未显成熟,与伦理学理论和实践的发展要求相比,还是有很大差距。体育伦理学作为伦理学的分支在对"智德"理论的探讨与研究上还挖掘得不够深入,相关理论与实践研究严重缺乏,其中有很多问题有待进行开创性研究,学者们应该给予足够的重视,并加大研究力度,充实和丰富体育伦理学相关理论。

二、反思性教学方法发展与运用

(一)反思性教学方法概念与解析

反思性教学是人们在不断探究"反思"的基础上形成的。例如,英国哲学家、教育思想家洛克认为反思是对获得观念的心灵的反观,是人们把自己的心理活动作为认识对象的认识,是对思维的思维。荷兰哲学家斯宾诺莎则把自己的认识论方法称作"反思的知识"。美国哲学家、教育家杜威在《我们如何思维》中也提到了反思的概念。反思性教学的术语是由美国学者唐纳德·A.舍恩在其著作《反思实践者:专业人员在行动中如何思考》中提出的。在后来的发展中,对于"反思性教学"的概念大致出现了四种观点,它们分别从反思主体、对象、过程等不同侧面对这一概念的含义进行分析。

我国的学者熊川武取众家之长对反思性教学给出了这样的定义:教学主体借助行动研究不断探索与解决自身和教学目的以及教学工具等方面的问题,将"学会教学"与"学会学习"统一起来,努力提升教学实践的合理性,使自己成为学者型教师的过程。其内涵可以概括为:教师要对自己在教学过程中的行为提出质疑,充分发挥自己的主动性,同时要与同伴加强合作和交流,运用正确的教学策略和方法审视自己的教学理念和整个教学活动,从而发现自己的不足并通过学习和交流更好地完善自己,进而提升自己的专业水平,使自己成为当今社会的合格教育工作者。同时他又指出,教师要在教学工作中教好学生,让学生得到全面的发展。

(二)反思性教学方法的构建与运用

反思性教学的文化渊源主要来自杜威的反思性行为观念。按照杜威的看法,反思性行为是相对于常规性行为而言的。常规性行为受到传统观念的影响,在任何条件下所产生的问题都要运用常规手段进行解决。反思性行为则是不受传统观念的束缚,对待问题有自己的见解,能够对传统的解决方法提出质疑,进而能够丰富自己的知识。

反思性教学的文化背景比较广泛,它与社会的精神、制度和物质文化息息相关,但影响最深的还是精神文化。其起因包含四个方面:第一,反思性文化的出现,增强了教育工作者的反思意识,从而在思想上为反思性教学的问世提供了铺垫;第二,心理学、伦理学、教育学的发展和进步,为反思性教学的机制和教学模型提供了丰富的理论基础;第三,由于学校对教学工作的合理性提出了更高要求,教育工作者为了使自己的教学工作更加合理,必须加强自己的反思,这在一定基础上促进了反思性教学实践的发展;第四,在当今社会,教师的角色不再是知识的传授者,而是向学者型方向转变。

反思性教学不仅能够促进教师职业化的发展,还能使教师的主导作用得到充分发挥。其作为一种教学方式有自己的操作步骤,具体如下。

第一,发现问题。反思性教学的出发点就是从教学实践中发现问题,教师通过回忆之前的教学过程找出自己的问题,通过查阅与问题有关的文献解决问题。

第二，对发现的问题进行分析。把已经发现的问题作为基础，教师借助从各方面收集到的资料，对自己的教学行为进行重新审视和批判，找出产生问题的原因，对问题的本质进行深入探讨。

第三，建立假设性教学过程。通过分析教学中发现的问题，教师需要再次对自己的教学思想和教学方法、行为进行批判，通过新的教育理念和策略解决自己所遇到的问题。

第四，实际验证。在前面的基础上将新的教学理念和方法付诸教学实践，在实践中检验新的教学方法和策略是否能达到教学合理性的要求。进而再次发现新的问题，开始下一轮的研究和探讨。

(三)反思性教学对体育教师职业专业化发展的重要性

在教师行业中，由于受到传统教育观念的影响，体育教师并没有受到人们的重视，人们普遍认为体育教师是一个谁都可以胜任的工作。但是作为一名体育教师，一定要摆正自己的心态，不能因为外界的看法而轻视自己。体育教师也是一种职业，同其他学科的教师处于同等重要的地位。尤其是在当今我国大力倡导素质教育的大环境下，作为体育教师一定要认识到自己的责任和社会地位。体育这门课程最大的优点在于理论和实践联系得十分紧密，所以反思性教学非常适合体育这门课程。

教师职业化已成为一种必然的趋势，体育教师在教学过程中一定要大胆地进行创新，在传统教学方式和手段上一定要融入一些新的理念。不管是刚步入工作岗位的年轻教师还是经验丰富的老教师，一定要不断学习，对专家提出的见解不能一味地接受，要敢于挑战权威。当今社会教师不仅要学会传授知识，更重要的是要使自己的角色发生变化，使自己成为一名科研人员。体育教师只有不断提升自己的科研能力，才能促进自己全面发展。在日常教学活动中，体育教师可以借助多种手段不断地进行反思，通过反思发现自己的缺点和不足，通过进一步的学习使自己变得更优秀。

三、情境教学方法的发展与运用

(一)情境教学方法概念与解析

教育教学新理念是教师主导、学生主体。情境教学法在关注教师主导地位的同时更加强调发挥学生的主体作用,培养学生学习能力。教师在体育课上的传授简而言之就是让学生通过身体锻炼,学习相应的技术技能,把情境教学法运用到体育课堂的教学中去,教师创造吸引学生的情境,引起学生参与身体练习的冲动,教师在教学过程中适当引导学生进行正确的练习,取得相应的课堂教学效果。情境教学法能够贯彻教育教学新理念,把教师的教和学生的学有机地结合在一起。

(二)情境教学方法优化体育教学的理论依据

1. 情感和认知的相互作用

情境教学法要求创立一定的教学情境,使学生们在这种情境中愉快地学习,轻松愉快的学习氛围无疑可以提高教学效果。

2. 认识的直观原理

情境教学设定一定的情境,把要学习的内容直观地展现在学生面前,促进学生的思维扩展,加快学生学习新事物的速度。

3. 思维科学的相似原理

相似原理反映了事物的同一性,例如,学习一种事物可以通过学习其他相似事物来学习,情境教学中设定的其他相似事物能激发学生学习的兴趣。

4. 有意识和无意识心理

情境教学充分调动学生的无意识功能,运用这些无意识功能提高学生的认识能力,提高学生的学习效果。

5. 智力与非智力因素的统一

教学是一种认知过程,在整体教学系统中,只有将智力与非智力因素都统一在其中,教学才能取得良好效果。

(三)情境教学方法对高校体育教学的启示和作用

情境教学法自创立以来一直被运用于各学科的课堂教学中,取得了良好的教学效果,情境教学法在今天的教学中仍然是一种重要的教学方法,其存在必然有它存在的价值,将情境教学法运用到体育课堂教学中具有重要意义。

1. 情境教学法具有熏陶(或启发)的功能

第一,情境教学能够陶冶人的情操,净化人的心灵。从教育心理学的角度来看,这意味着人类的情感可以产生好的效果。情境教学中的陶冶功能具有良好的作用,它在日常生活中能够排除人们感情中的消极因素,保留积极因素,促使人的感情随之升华。

第二,情境教学具有启发的功能,在学生的学习过程中促使学生发散思维,积极动脑,锻炼学生自主处理困难的能力。情境教学发生在社会生活当中,通过对社会关系的改造影响学生。就像是学生中的榜样作用、逼真的语言描述、课堂的角色扮演、音乐欣赏、野外郊游等,都是把教学的内容引入生动的情境之中,这将不可避免地产生潜移默化的影响。换句话说,情境教学中所设定的具体场景,通过提供的一些线索来调动人们的思维,通过内部整合的作用,人们会洞察或产生新的认知结构。情境教学设定场景所提供的线索是用来启发受教育者的。例如,一个人在特定环境中遇到难题,因为一个提示或者遇到一些启示,它便能成功地解决这个难题。情境教学法的功能值得我们深入研究,将情境教学法运用到体育课堂教学中更是对现代教学法的深入探究。

2. 情境教学法在各个学科教学中的应用效果

情境教学法在各学科的课堂教学中取得了良好的教学效果,例如,在一节初中数学课堂教学中,教师首先向学生们讲述了三角形的一些概念,学生们了解了三角形的一些概念后,教师要进一步给学生讲解组成三角形的元素之间的相互关系,这时候教师制作了一些道具,他拿出五个硬纸条,把其中两个用钉子固定起来,可以转动,这两个硬纸条分别长20厘米、30厘米,把其余三个纸条分别涂成黄色、红色、黑色,其中黄色纸条为15厘米、红色纸条为10厘米、黑色纸条为60厘米。现在要用这三个硬纸条和固定的两个纸条组成一个三角形,让同学们动手操作,用哪种颜色的纸条合适?几个同学上来依次尝试,学生发现黑色和红色的纸条都不合适,只有黄色纸条合适。这时,教师尝试着启发学生去研究问题,学生自己动脑发散思维,最终明白"三角形任意两边之和大于第三边"这个基本定理。

在教学中我们设定这种情景,让学生自己思考研究,解决问题,获得知识并学会分析问题的方法,对于学生能力的发展具有重要意义。情境教学法运用于课堂教学已经证明了情境教学法对学生发展的有益性,把此方法运用到体育教学中,探究情境教学法是否适用于体育教学,对体育教学有重要的意义。

3. 促进学生个体主动性的发展

体育教师在进行体育课教学时,设定相应的情境,引起学生各种有益的情绪反应,提高学生运动参与的动机和欲望,促使学生个体富有感情地参与到体育活动中,进行刻苦训练,进而提高学生体育动作的熟练度,形成动作技术自动化,达到制定的教学领域目标。通过情境教学方法的运用,促使学生将运动兴趣转化为运动技能,从而引发体育终身学习的理念发展。

(1)持续性

学习活动贵在坚持,只有持续性的学习才能保证教学效果的实现,也只有持续性的学习才能使得教学与时俱进,真正在实践中发挥应有的作用。具体到体育教学中更是如此,作为一项实践性极强同时对学生的身体综合素质具有重要影响的教学内容,其能否实现持续性是教学效果能否实现的关键性因素。

在传统教学中,课堂教学的结束往往意味着教学的终止,高校的体育课堂更是如此。许多学校的体育课对学生而言就是"休闲课""玩耍课",简单的集合训练之后,对于很多学生而言,解散口令就宣告了体育课的结束,连有限的课堂时间都没有充分利用,课后的自我学习更是困难,这样的教学模式及其教学效果可想而知。

在自主学习模式中,由于教学紧紧围绕着学生的兴趣爱好及个人特征展开,教学模式在很大程度上能够得到学生的认同,其围绕教学目标进行的自主学习活动是在教师的引导规划及同学的配合帮助下依靠学生自身推进的,而这样的学习活动很大程度上已经脱离了课上及课外的概念,其强度和进度由学生自主把握,因而,这样的学习活动必然具有较强的持续性。对于自主选择的学习内容和学习方法,学生往往表现出极大的兴趣,在教师的监督和引导之下,这种兴趣可以较好地转化为学习的动力,当学生的兴趣被激发出来之后,体育教学可以发生颠覆性的变化,即由阶段性学习向持续性学习转变。这两种学习模式的原动力存在巨大差异,很明显,持续性学习的动力更加强大,可以保证学习持续性地进行。因此,在体育教学中应用情境教学法,在学习过程中,学生的兴趣爱好,知识模式的不断更新,教师的引导和配合,都可以成为持续性学习的动力来源,这样就保证了学习的持续性。在高校体育教学中我们可以看到,体育课堂的积极分子无一例外全都是各项体育运动的爱好者,究其原因,很大程度上在于这些学生对于体育的学习是持续的,他们具有源源不断的学习动力。以篮球教学为例,在传统的体育教学中,教师通常简单讲解一下篮球的规则和打法,然后组织大家分组练习,应该说更多的空间还是留给学生自己。但是,这样的模式虽然给予学生自主学习的空间,但没有建立相关的模式,学生的自主学习往往不能推进,学习不能持续。对许多学生而言,一下课,相关的学习便宣告结束,这样的教学深度显然不够,持续性也严重缺乏。而如果应用情境教学法,激发学生的自主学习兴趣,他们会自发地关注与篮球运动相关的信息:篮球规则有什么变化,出现了什么新的打法,最近有什么重要的比赛……对这些信息的获取客观上给我们的教学带来了极大的便利,同时也使学习由课堂扩散到生活,使得学习具有了持续性和连贯性。

(2)高效性

教学效果取决于教学双方的因素以及选用的教学方法,传统的教学模式将关注的焦点集中到教师和教学方法的改革创新上,却往往忽略学生的因素。对于体育教学而言,由于其和其他学科在教学目标上的不同,可以给予学生更多的自主空间,学生按照自己的思维和规划进行学习,以自己的兴趣爱好引导、支撑自身的学习,其学习效果更好。许多学生反映,在传统高校体育课堂上没有学到什么实质性的内容,究其根源很大程度上就在于教师将教学内容强制性灌输给学生,而没有调查过这些内容是否符合学生的实际。在情境教学的实践过程中,学生一旦对某项学习内容产生了学习兴趣,就会自动尝试各种手段去加深自己的理解,也会主动向周围的人求教,这样显然可以大大提升教学的效率。

(四)体育情境教学方法的应用模式

情境教学法对于贯彻体育教学新理念有良好的促进作用,自从情境教学法提出以后,众多学者对这一教学方法进行实验研究,已证明这种教学方法可以融入体育课堂教学。情境教学法对于提高体育课堂教学中学生参与学习的积极性,有巨大的促进作用,并在教学评价中取得了良好的效果。

运用情境教学法,首先要为即将接受体育技术动作的学生创设情境,通过了解学生对技术动作的理解和感受来制定合适的教学顺序以及教学侧重点,目的就是让学生更快、更轻松、更主动地进行运动技能的学习。例如,篮球传球练习中的情境教学法应用,教师先让学生自己对墙传球练习,放慢速度、减缓力度等,然后进行双人互传练习。在篮球技能的学习中,无论教师采取情境教学法还是传统教学法,学生的整体投篮水平都会提高,采用传统教学法的对照班学生投篮成绩提高速度相对于实验组(采用情境教学法的班级)的速度要慢许多。情境教学法在体育课篮球投篮教学中相对于传统教学法具有优势。传统教学法和情境教学法都能够提高学生的投篮技术水平,但实验组的提升效果更为明显。在篮球技能的学习中,无论教师采取情境教学法还是传统教学法,学生的整体运球成绩都会提高,采用传统教学法的对照班学生综合运球成绩提高速度明显低于采用情境教学法的实验班学生。情境教学法在体育课篮球综合运球教学中相对于传统教学法具有优势。

因此,教师在教学过程中应该着重研究如何通过情境吸引学生的注意力,潜移默化地将学习内容贯穿于整个教学过程。

在课上,教师引导学生进入特定情境,通过有特色的讲解,让学生充分理解技术动作的特点和重点、难点。教师再根据学生学习过程中的教学反馈变换场景设置,把学生置于特定的场景当中,提高学生参与学习技术的积极性,处于特定环境中的学生,产生质疑,教师予以讲解,鼓励学生主动去学习,进而完成相应的教学目标。体育教学中情境教学法应用模式如图4-1所示。

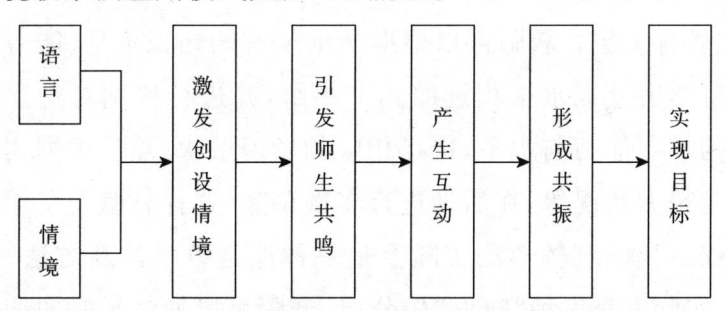

图 4-1 体育教学中情境教学法应用模式

四、"双分"教学方法的发展与运用

(一)"双分"教学方法的发展

"双分"教学法是根据学生在学习中的差异研究出来的,进行异质区分,建立不同的学习目标,制订不同的学习计划,进行有目的的教学。

在实施该教学方法时,也应注意以下细节:首先,对于不同水平的学生进行有科学依据的分层,对于不同层次的学生,有区别地、有针对性地展开教学,并要加以技术以及理论的指导,在教学中也应当针对具体情况对于教学计划及时地进行调整;其次,对于学生的分层,应在学习一定时间以后进行调整,注重分层的"流动性",按照一定时期内的学习进度、学习能力、接受新鲜事物的能力进行调整,从而减轻学生的学习压力,增强学生的学习兴趣。这样才能更好地诠释"双分"教学法的深层含义与具体的教学方法。

可能对于有些人来说,"双分"这个概念有些模糊。但是实际上,"双分"中的两个"分"是指"分层学习""分组学习"。"双分"教学法把学生们进行不同程度的区分,根据不同的学习计划制定不一样的教学目标,通过不同内容与不同侧重点的学习,完成教育大纲的目标。这种教学法需要水平相近的同学进行合作学习,这样一来,也能促使学生们发挥合作精神。对于"双分"教学法来说,其思想依据是"因材施教"的教育思想。教师可以根据学生现有的知识水平、能力水平与潜力等将学生分成水平相近的几个小组,并进行区别对待。学生按照自己的学习能力与水平,选择相应的学习层次,然后根据实际的学习能力与努力状况等,在后期进行多次调整,这样就赋予了学生更多的选择权。"双分"教学法实际上是一种课堂教学的新方法,这里的"分层",实际上是一种"隐形"的分层,老师可以通过平时的调查和评估,准确掌握班内每个学生的学习状况、学习水平、学习能力等,之后,按照学习水平相近的依据对他们进行分组与分层,并可以利用小组合作、分类合作等多种教学形式进行不同方式的教学,发挥教师、学生之间的互动,激发并调动学生们的学习积极性以及能动性。通过学生层次的差异性,培养学生的合作意识,更好地协调班级内每个成员之间的关系,使其优化发展,提升学生整体的学习水平与学习能力,促进学生的全面发展与提升。

(二)"双分"教学法的原则

在"双分"教学法中,需要按照以下三个原则,进行教学目标的建立与规划。

首先,要遵循"主体性原则"。在教学中,要了解学生在学习过程中的心理变化以及感知,针对薄弱环节以及不清楚的问题,及时进行解答和讲解。

其次,教师在教学过程中应遵循"主导性原则",教师要知道,自己是教学的主导者。所以,教学方向和教学目标一定要确立好。但是,在教学过程中,教师应该充分了解学生,通过有效的引导,提高学生思维的活跃度,通过整体把控,将学生群体进行划分,进行不同方向的引导。也应让学生在小组之间、小组内部之间获得有效的讨论与探究机会,发展每个学生的探索精神,拓展其思维空间。

再次,应该遵循"全面性原则"。教师虽然在学生群体之间进行了分层次的教学,但对于不同层次的学生以及所教的所有理论知识和专业知识要有全面的把握。对于学生的学习状况、学习进度、学习能力等有充分的了解。在教学中,要把握每一个细节,做到关注学生,及时跟学生进行交流,保证教学的全面性。

最后,在教学过程中,应当注重对学生素质以及实际掌握的知识的把控,教学方法与教学内容应在学生可接受与认知的范围之内。这就是我们常说的"可接受原则",即"量力性原则"。对于学生们来说,教学内容只有在其可接受、认知、理解、消化范围内,才能够真正地掌握,并转化为自己的东西。只有这样,才可以使学生主动适应,以达到提升学习水平的目的,让学生们通过完成教学目标,达到所期望的目标高度。

(三)"双分"教学法的特点

对于"双分"教学法的科学性,我们可以按照从古至今、从中国到国外的历史线索来分析。我国古代伟大的教育学家——孔子,就提出过关于"双分"教学法的新颖教学思想,即"因材施教"教学原则,要求围绕着教学目标,根据学生个体需求以及学生的整体水平进行授课。20世纪六七十年代,西方国家提出"双分"教学法并进行实践。美、德、韩、日等国都在推广"双分"教学法,并进行创新。在日本,"双分"教学法甚至经历了大起大落,最后被社会各界所接纳。而现今,回看国内的教育改革,学校的上课方法已经不再局限于单一的形式。从科学性的角度来讲,"双分"教学法摒弃了之前学生"齐步走"的教学方式,进行"因材施教""因人而异"。这样一来,可以让每个学生都找到适合自己的学习方法、学习目标等,并且在尊重学生个性发展的同时也满足了学生们的不同学习需要。对于在新课标中提出的"素质教育""以人为本"也进行了很好的诠释与示范。

"双分"教学法具有系统性。首先,"双分"教学法把学生群体分成了不同的学习小组进行教学,为的是符合不同水平学生的学习需要,也有利于老师进行指导与纠正。其次,分组之后不同小组会制定不同的教学目标、教学计划、教学内容等。这种做法符合教学大纲要求,从根源上对学生进行系统性的分类,之后再进行系统性的教学,布置相应的作业等。在学生学习和练习的过程中,老师可以及时发现学生存在的问题,并及时解决问题。

"双分"教学法把课堂结构分成了不同的部分,在教学过程中,可以按照课堂进度、学习能力等进行系统分类,实现教学环节的最大优化组合,系统地分析教学过程,实现教学效率的提升。教师在备课时,也应当研究教材,分析学生的各项能力,对他们进行系统的分层和分组。

"双分"教学法具有明确性。首先,在"双分"教学法原则的指导下,教学目标是清晰的、明确的,在教学一开始就有着明确的教学目标与方向。其次,在教学过程中,教学内容是明确的,教师根据不同的小组与不同层次的学生制定不同的教学内容和目标,该层次是按照学生的学习进度以及难点来规划的,所以教学内容是一目了然的。

最后,在教学成果检测的方向以及侧重点上,就更明确了,因为教师已经在教学过程中了解并掌握了不同学生的问题以及薄弱点,因此教学成果检测是有理有据的。

"双分"教学法的流程包括以下几点:首先,运用多种方法对上课内容进行导入,并明确目标;其次,在学习授课过程中,进行同步讲解与不同层次的分化训练,指导与纠正学生;最后,进行复习,深化教材内容,让学生充分理解内容,并转化为内在的东西,在今后的学习中应用。

"双分"教学法具有整体性,包括以下几点:首先,可以把整体性看作教学过程中的连贯性,对于教师们来说,教学目标的合理制定,课程内容的讲解,教学成果的检测是一个连贯的过程,所以在制订教学计划之前,应该科学地对学生们进行区分。其次,就是小组内部的整体性,老师在平时的教学过程中要注意观察,然后进行有依据的划分,在此基础上,小组内的整体性必然是合理的、高水平的。再次,就是小组间的整体性,小组与小组之间不应当存在较大的差异,应当像阶梯一样,这样可以让学生有计划、有目标地进行追赶,发挥积极性,进行更高层次的学习。除此之外,就是学生心理与意识的整体性,尽管教师对于不同层次的学生进行了分组与分层,但这么做的目的不是给学生贴标签,而是为了更好地教学,进一步地提升学生的整体水平。最后,就是师生之间的整体性。教师是学习过程的主导者,而学生是学习的主体,在教学中,应当注意教师与学生的互动关系,只有师生间实现良性互动,形成一个整体,才能让更多的学生参与到课堂,并得到不同层次的提升,从而提高整个群体的整体性。

(四)"双分"教学法的优劣势分析

1."双分"教学法的优势

首先,从精神方面来说,"双分"教学法能让学生有效明确自己的学习动机,调动学生的学习积极性。因为与传统的教学法相比,"双分"教学法更有助于活跃课堂氛围、提高学习效率、发展兴趣爱好等,"双分"教学法更有利于提高专业技术、增加合作能力、拓展兴趣爱好。"双分"教学法的实施也得到了教师以及学生的一致认可,教师和学生都对这种新型教学模式给予高度评价。

其次,从实施效果上看,"双分"教学法能够让学生更好地认识运动的基本技术,掌握高难度技术,提高实战水平,"双分"教学法的教学效果远远高于传统教学法的教学效果。

除此之外,在使用"双分"教学法的时候,孔子提出的"因材施教"教学思想可以得到进一步的体现。通过"双分"教学法,把学生按照不同水平、不同能力进行分组,使得学习能力相近的学生可以在学习过程中相互讨论,他们在学习方向以及重、难点的攻克上也有很大的共同点。这样一来,可以让学生在学习进度方面实现群体与个人、共性与个性的统一,也可以让学生、家长感受到教育的科学性、公平性、合理性。

"双分"教学法可以在很大程度上提升老师的教学质量。例如,在排球基本技能教学过程中,"双分"教学法可以充分调动学生的实战兴趣,提高学生参与度,使学生在上课过程中更加投入。

"双分"教学法的出现,让我们的教学方法在很大程度上发生了改变,得到了改进。传统教学法是一种广泛的、对学生没有针对性的教学方法。而"双分"教学法可以根据实际情况,对学生进行区分,进行有针对性的教育,重点解决不同层次水平的学生的问题。我们知道,在传统的教学模式里,教师认为自己的教学任务就是完成教学内容,详细讲解重点内容,最后让学生反复练习,但是如果长期这样,学生就有可能形成只会模仿的不良习惯,学习能力就会变得低下,学生的积极性、自觉性得不到提升。而通过"双分"教学法,可以使学生更好地参与到教学过程中,进行情景式学习,有的放矢,真正使学到的知识和技能转化为自己的东西,会让学生感受到学习的乐趣并发挥主体作用,让学生全身心地投入教学过程当中去,调动每个学生的积极性,使学生对于重、难点进行积极的探索,大家在相互帮助、共同探索、相互鼓励中,取得更大的进步。因此,"双分"教学法的出现,对于传统教学法来说是一次彻底的变革。

"双分"教学法的实施,使得学生的交流合作能力进一步提升,通过"分层"以及"分组"的教学形式,增加了学生之间的交流机会,形成了交流协作的模式,使学生群体之间可以进行深入的交流,加深了解,并建立新的友谊。在教学过程中,可以进行小组讨论和小组比赛等,通过这些形式的教学,可以使学生加深对于"集体""合作""团结"的认知。学生也可以在实践与比赛中切实体会到"双分"教学法的优势,并让自己获得集体荣誉感。

教师在运用"双分"教学法的同时,也要积极提升自己的教学水平,增长教学能力。"双分"教学法的特点与传统的教学方式是有很大区别的。"双分"教学法需要教师有较高的实践指导能力、丰富的理论知识、正确制定教学目标的能力,只有这样,才可以让学生感受到"双分"教学法的优势。在课前,老师要充分做好备课工作,深入了解班内每个学生,如学生们的学习水平、学习习惯、适应能力、认知水平、综合能力等。在对学生的基本情况进行充分调查之后,再进行分组、分层,并为每一位学生制定不同的、适合其学习能力与水平的教学目标、教学计划、教学内容,而且也要落实到每个学生身上去,对于学生所学习的内容、学习的进度、学到什么程度,都要进行科学合理的控制。所以,教师要花费大量的时间和精力去钻研,并努力提高自己的教学水平、综合素质等。老师的作用,即主导作用,就可以在教学过程中得到充分发挥,为学生的学习创造一个活跃积极的氛围。与此同时,也可以提高学生主动学习的动力,用积极的教学态度,以及提升了的教学水平,去带动学生的学习创造性与主动性。

"双分"教学法的实施,也促进了良好师生关系的发展。在传统的教学模式中,老师和学生之间总是会存在一种距离感,学生害怕或者不愿意问老师问题,这种情况会使得师生之间的关系淡化,使教师与学生之间的交流变少,从而可能会影响教学效果,使实际教学成果不尽如人意。而"双分"教学法的实施,可以增加师生之间的互动机会,使教师与学生之间距离感减弱,并可以鼓励学生积极地寻求帮助,增强教师对于学生的了解,学生也可以及时地对老师进行学习上的反馈,使师生之间的感情变得更加融洽,增加老师与学生、学生与学生之间的交流,使老师和学生的关系得到优化。这从一定程度上来说,对教学起到了一定的积极作用。

在我们沿用的传统教学模式中,教师对于所有学生的教学方法、教学计划以及教学内容的制定都是一样的,没有实质上的区别。这样一来,由于学生们在接受能力和学习能力上存在差异,每个人所学到的东西和学习成果往往因人而异,优秀的学生们可能会认为教学进度略慢,教学内容较为简单,甚至可能出现对教学内容不满意的情况。中等成绩的学生可能感觉学习难度刚刚好,而对于学习能力较弱的同学来说,在学习过程中可能会感到吃力。所以,传统的教学方法可能会让班级内的考核成绩出现"两极分化"的现象,长此以往,分化会越来越明显,会导致学习能力较弱的同学出现学习主动性变弱、学习积极性不高,甚至厌学的问题。而如果采用"双分"教学法,就可以避免这类情况的发生。在"双分"教学法的实施过程中,可以促进班级的互帮互助,促进班集体的团结,增加凝聚力。在采用"双分"教学法的教学过程中,我们可以得出以下结论:"双分"教学法能够促进团队团结合作精神的发展,增加学生之间技术切磋的机会。教师也可以根据不同能力的同学科学地修改具体的学习计划,制订适合该水平学生学习能力的学习计划。这样一来,就可以让不同技术水平的学生都可以得到进一步的提升,调动学生的学习积极性,促进学习技术与理论的全面发展,在一定程度上也可以避免班级内"两极分化"的问题。

2."双分"教学法的劣势

首先,对于"双分"教学法来说,第一个劣势就是在对待分组与分层次教学的问题上,家长、学生、教师的观点可能会不同。在老师看来,对学生进行分组和分层次学习,是有助于学生学习与能力水平的提升的。在学生看来,"双分"教学法可能是老师对不同层次的学生进行区别对待,而家长大部分也可能这样认为。但是,只有亲身体验了"双分"教学法的学生们,才会认识到"双分"教学法到底有哪些优势。因此,在"双分"教学法开始实施的时候,该教学方法可能会受到家长和学生的质疑,也可能会遭到一些家长的反对,阻碍"双分"教学法的开展与推广,增加新型教学方法实施的难度,在学校与家长之间很容易产生矛盾。

其次,在小组内由于各个成员的水平相近,小组内部成员在学习上的交流以及实战教学中的合作较多。但是从整体来看,可能会使得各个小组之间的交流变少,尤其是学习能力水平高的同学和学习能力水平低的同学之间在学习上的交流变少,会导致学习群体之间的"标签"越来越明显。

再次,教师很可能会忽略学生自主学习的时间问题。在有些课堂上,同学之间合作次数过多,合作过于频繁。如果合作的次数多了,则可能会导致学生个体独立思考的时间变少,若不重视这一问题,则可能会导致学生在某些问题上出现"抱团"现象,学生会开始不注重以个人力量解决事情,学生的独立思考能力得不到发展。所以,老师在上课的时候,应当从实际的教学情况出发,设计符合学生水平的教学大纲,同时也要考虑学生自主学习以及独立思考时间的问题。

最后,在"双分"教学法的实际教学过程中,可能也会存在一些问题,例如,老师的存在感会减弱。在进行"双分"教学法的教学过程中,更多的是教师与学生、学生与学生之间的讨论与交流,但是老师只有一个,在老师与某一个小组互动的时候,其他小组成员可能会无所事事,处于放任自流的状态。因此,在"双分"教学法的教学过程中,作为老师,首先要关注教学的方向与目标,这样就可以对于某一组进行相关问题的引导、提供思路,或者是教师个人对于某一个问题的看法或者是观点,给学生提供理论上的指导,而不是一步一步讲解,帮着学生去进行实验验证,应该给学生提供一定的独立思考空间。除此之外,也应当对学生的不同思路进行探究,而不是果断地对某一观点下结论,需要引导学生进行进一步的探索与讨论,给学生辩证、反思的机会,能够在学习中、合作中、讨论中,让学生自己找到正确的答案。

(五)"双分"教学方法在排球教学中的运用

根据"双分"教学法在体育院校排球普修课中的实验研究,可以得出:"双分"教学法的教学结果要比我们沿用的传统教学方法理想。"双分"教学法所呈现的教学效果,可以从教学氛围、教学效率、教学手段、学生反映、评价方式、合作状态等方面进行测评。因此,无论是从实际研究还是从理论分析的角度来看,"双分"教学法都要优于我们传统的教学方法,这一点可以从教学效果、上课效率上直观地观察出来。

让"双分"教学法成为教学过程中的主要教学方法,能够使课堂更加形象生动,不再单一、死板,也可以更好地调动学生的学习积极性,活跃课堂氛围,激发学生的学习主动性、积极性,增加课堂的活跃度。通过一些实战以及比赛的训练,提高学生的专业技术水平、社会交往能力,并拓展学生的兴趣爱好。促使学生提高专业技能、拓展理论知识,也更能让学生符合全面发展与个性化发展的统一的原则。

在体育院校排球普修课中运用"双分"教学法,可以在一定程度上巩固学生对于排球基本动作的掌握,提高学生的专业技术水平。把不同能力水平的学生进行不同组别的区分,并组建异质小组,也可以让学生在活动中获得集体感、获得感。使学生成为教学活动的主体,更能提高教学的质量,满足学生们的发展需要,使学生能够得到全面的发展,促进以专业知识与专业技能相结合的综合能力的提高。除此之外,实验证明,关于自垫球、传球等动作,若用"双分"教学法,可以很大程度上提高教学效率,教学效果要比传统的教学方法更好。

在体育院校的排球普修课中运用"双分"教学法,能够在很大程度上发扬孔子"因材施教"的科学教育理念。如果把学生进行不同水平的分层,就能够在教学过程中发现学生的特点与共性,也能够充分发展每个学生的个性,实现共性与个性的统一,极大地挖掘了普修班学生的学习潜力。而且,可以更好地体现教育方法的科学性、合理性、公平性,符合素质教育的要求和目标,也可以更好地调动学生学习排球的积极性,对于在体育院校推广以及实施"双分"教学法也起到了一定的推动作用,有利于集体主义精神的培养和竞争意识的发展。

"双分"教学法的实施有利于缩小班级内学生学习水平的差距。老师教学时可以采用多种形式的教学方法,这可以对专业水平较差的同学起到很大的激励作用。专业技术较好的学生可以帮助专业技术较差的学生。与传统的教学法相比,"双分"教学法能够更有效地调动学生的学习积极性与能动性,更好地发展学生的合作精神,还可以在一定程度上减轻班级内的"两极分化"现象,对于学生专业能力的提升也有很大的帮助。

五、体育实用运动技能教学方法发展与运用

(一)技巧性教学方法发展

通俗地讲,技巧性教学方法就是在体育教师的指导下,学生通过动作练习等将所学知识进行巩固,并有效形成自己的技能的教学手段。

杨锡让先生在《实用运动技能学》一书中介绍了16种运动技能形成的教学方法,分别是整体与分解教学法、渐进式分解教学法、降低技术难度教学法、相似技术教学法、注意力指向性教学法、集中注意力教学法、反馈教学法、模拟教学法、仿生教学法、念动教学法、持续教学法、重复教学法、比赛教学法、群组练习教学法、随机练习教学

法、固定练习与变化练习教学法。❶ 杨锡让先生针对不同学习对象和技术动作的复杂难易程度等对运动技能教学方法进行了细致的介绍。

毛振明、陈海波在《体育教学方法理论与研究案例》中将体育教学方法分为5类：一是以语言传播为主的方法，如讲解法；二是较为直观的方法，如示范法；三是以分解练习法等为主的身体练习方法；四是以比赛为主的方法；五是以发现法等为主的探究性方法。❷

樊临虎在《体育教学论》中按教师教的方法与学生学的方法将体育教学方法分为两类：指导法与练习法。指导法是指讲解示范法、预防纠错法等指导性的方法；练习法就是循环练习、游戏比赛等方法。❸

综上所述，在选择运动技能教学方法时，大多数学者和教师都将目光集中在常规式的教学方法上，与学生的交流较少。教学方法就好比是一把打开大门的钥匙，方法合适，就会获得明显的教学效果。在教学实践过程中，教师应及时更新运动技能教学方法，既不能对传统的教学方法过分倚重，也不能忽视现代教学方法的作用，要将两者进行完美融合，才能达到事半功倍的效果。

（二）开放式运动技能原理在体育教学中的运用

目前，在理论研究上，运动技能学的学科研究范围比较广，研究也很深入，积累了许多相关知识和经验，在实践应用中，许多学者完成了关于运动技能的实验研究，为运动技能这门学科未来的发展奠定了深厚的理论基础。越来越多的体育工作者、教练、教师都明白应该分类组织运动项目进行教学，弄清楚运动项目属于开放式运动技能还是封闭式运动技能，才能设计出有效的训练方法。当今，三大球鼎立于学校体育教学中，都是讲究集体配合、场上变化复杂多样的运

---

❶ 杨锡让.实用运动技能学[M].北京:高等教育出版社,2004.
❷ 毛振明,陈海波.体育教学方法理论与研究案例[M].北京:人民体育出版社,2006.
❸ 樊临虎.体育教学论[M].北京:人民体育出版社,2002.

动项目,其运动技能属于开放式运动技能,个体需要在多变的环境中,对外界的刺激不断做出调整决策。很多学者从这一角度出发,进行了一系列研究。

我国足球运动一直没能走上国际赛场,中小学足球运动也是弱项。史贵名在《开放式运动技能原理在足球教学中的运用》中谈道:在体育课程教学中,人们对封闭式运动技能已经有了一定的了解,学校体育教育对封闭式运动项目训练已经积累了丰富的经验。但是,在开放式运动技能的训练中却存在着诸多问题,足球是一项团体运动,并有激烈对抗,附带一定危险性,它需要大量的时间去训练;另外,足球场地面积较大,基础设施要求比其他项目高,目前存在的种种欠缺与不完善,对于体育教学的发展依然是一大障碍。应充分利用开放式运动技能的优势去教学,促进课堂的多元化,深化足球教学改革,不断提升学生综合实力。

网球项目是集娱乐、高雅、健身于一身的一种时尚小球项目。近几年,网球赛事的开展越来越活跃,热爱网球这项运动的人也越来越多。王炯豪在《基于开放式运动技能学习原理的网球教学逻辑重构研究》中指出:网球运动属于技能主导类隔网对抗性项目,一攻一守,根据对手意图决策,是典型的开放式运动技能。结合网球运动情境的教学顺序,王炯豪认为在开放式运动技能原理下的网球教学逻辑呈现与常规传统教学逻辑呈现是不同的,前者是从运动技能到运动技术,是"由动到静";而后者是从运动技术到运动技能,是"由静到动"的模式呈现。根据网球运动的特征,用去情境式的教学法去组织展开教学是不合时宜的。他认为现阶段传统的教学存在很大的弊端,通常教学都是先学习基本技术,然后再组织学生去打比赛,这样的教学逻辑只会让学生机械化地模仿网球基本技术,而在比赛中学生会变得不会打球,他觉得传统的教学模式虽然对学生了解掌握基本技术有比较好的效果,但单一重复的示范讲解教学会严重降低学生对学习的兴趣程度。在教学顺序上,"先静后动",先进行动作熟练度练习,后进行对抗比赛,这样的教学顺序模糊了学生对情境运动的认知,阻滞了学生对网球比赛的理解。因此,开放式运动技能的学习原理不是否认运动技术学习的重要性,而是在此基础上强调学生要在整体环境中去学习运动技术,并在具体环境中合理运用,提高运动技术的实用性。❶

羽毛球在项群理论范畴里面属于技能主导类隔网对抗性运动项目。场上队员虽然隔网,没有身体上的对抗,但要求运动员动作精细,反应灵敏,一场球下来耗能巨大,很多学校现在都已开展羽毛球课程。羽毛球项目不仅有封闭式的单纯技术练习,还体现出多变的环境中队员的意识情况,战术的执行力和预判并瞬间决策的能力。因此,单纯的封闭式技术熟练度教学不能使学生从真正意义上掌握羽毛球运动技能,还须抓住开放式运动技能的特征,结合开放式运动技能原理围绕具体情境变化。属于开放式运动技能运动项目的教学方法运用应强调"整体性"特征,切忌在教学中不合实际地将动作随意分解教学。

现今不管是高校还是初中、小学,课堂教学模式大都趋于死板,没有灵活性,要抓住运动最初的技能本真,既然是开放式运动技能,就务必提供开放的环境、具体的情境去组织课程项目教育。其实,很多运动项目技术动作复杂多变、具有不可预测性,却偏偏有人痴迷其中,这也是该运动技术体系的内在本质和真正的趣味核心所在。有对抗就组织对抗,有情境就导入情境,不能偏离运动本身技能结构体系,因此对于开放式运动技能而言,在课堂教学中应该设定真实或者模拟的情境去完成学校体育课程教学,这样学生才能更好地认知运动的多变性,才能使学生从真正意义上掌握运动技能而不是技术,真正提升该类项目的运动能力。

---

❶ 王炯豪.基于开放式运动技能学习原理的网球教学逻辑重构研究[D].长春:东北师范大学,2019.

综上所述,开放式运动技能原理在校园体育教学中已有相关研究,而且都有项目本身独特的教学效果。

(三)案例分析——开放式运动技能原理在篮球教学中的运用

开放式运动技能原理四个阶段与篮球教学相结合的理论分析也是教学的理论基础。

1. 本体感知阶段

这是开放式运动技能的第一环节,往往也是最容易被忽视的环节。特别是在高水平的篮球比赛中,往往能很好地体现出来。在篮球传球时,经常通过隐蔽的手法巧妙地将球传到队友手中,完成漂亮的技战术得分。队友也通过自身感知能力,观察场上的变化,接到队友之间的瞬间传球,防守者也经常做出抢断。在篮球场上,特别是NBA顶级水平的赛场上,经常看到神奇预断截球,防守者通过感知对手传球的动作,并猜想对手的传球意图与路线,才能精准地将球抢断下来,无论是进攻时还是防守时,这些人总是出现在关键合理的位置,找好最恰当的时机,这离不开他们良好的感知能力。

2. 环境外显特征阶段

这是开放式运动技能的第二环节,这个阶段主要指外界环境的变化对运动员的影响。场上的一切变动,包括对手防守的站位,队友跑动的路线,都是能通过视觉观察的。在比赛中,持球人不仅要注意队友的切入时机,还要控制球的方向。了解其他团队成员的所在位置和站位,有效地与团队成员合作,撕破对方的防守。在此过程中,团队球员之间应利用视觉及时观察外界刺激。这包括同一支球队的球员,另一支球队的球员,以及球的位置和比赛的方向。即使是裁判在场上的跑动也会被视为外界的刺激。运球的运动员需要把注意力集中在球的位置,以便有效地控制球。这就是所谓的视觉第一目标。同时,运球人还需要了解队友和对手的位置,这被称为视觉第二目标,即外界的变化被视觉所接受。在传球的过程中,有时需要观察多个目标才能有效地进行传球配合,但要有效地利用这些视觉信息并及时做出合理动作是相当困难的。因为大多数球员都倾向于把注意力集中在球上,而不去注意队友和对手的位置,所以球容易受到防守人的干扰,甚至直接截断破坏传球路线。正是因为外界环境的复杂变化才造成了种种可能,也让传球人面临种种选择。

3. 决策阶段

根据上述两个环节的环境变化,运动员必须在有限的时间内做出决策。这个决策的好坏程度跟两个重要因素有关。第一是决策的时间长短。在体育运动项目中,时间往往是决定成绩的关键所在,无论是时间的利用还是完成项目所需要的时间都是很重要的。比如,在篮球传球教学中,持球人不管是在行进中,还是在停球后,都需要时刻观察篮球场的情况,包括队友的位置,队友附近对手的位置,队友是否能稳定接住自己的传球,而不被防守者破坏。所以在篮球传球教学中,决策务必瞬间做到,我们在很多比赛中见过出其不意的传球,对手都没反应过来就直接得分。当然这需要慢慢培养一定的能力。第二个因素是决策的合理性。一味地单打,最后草率进攻浪费球权,这是不合理的。篮球是一个团体运动项目,是五个队友共同的体育游戏。在篮球传球教学中,我们还要关注场上的状况,场上的哪一个队友拿到球后会给对方形成最大的威胁,就应该找机会把球传给这个人,这取决于运球人的一个决策。在篮球比赛中,本体决策阶段受到很多因素的制约,有的时候过分依赖同队中核心球员,忽视有最佳机会的队友,往往会浪费机会。比如当家球星面对两个人的包夹时,必定会有一个队友没人盯防,把球传到他的手中,才是最佳的决策。

4. 本体应答阶段

作为运动技能的最后一个环节,这也是教学中最为重要的一个阶段。前面的三个阶段都是为它做铺垫,通过人的外在形式表现出来。这个环节大体涉及两方面的因素。

(1)运动技术的熟练性

相关研究表明,一个运动员如果达到世界体育高峰,取得摘星揽月的成绩,那么他的基本功一定非常扎实。不管是哪个体育运动项目,团体球类、个体田径还是艺术体操,都需要在基本功上花很多的时间去练习。这些训练必须是科学的、系统的、持之以恒的,即使是在高水平运动员的训练中,基本技术训练都应占相当大的比重。在篮球传球教学中也是如此,原地胸前传球、行进间的传球这些基本功都需要练习。

(2)运动技术的特殊性

在本体应答阶段,经常会出现特殊的技术形式,在篮球比赛中表现得更为明显。在篮球比赛中也正是因为这些巧妙的传球,增加了比赛的观赏性。在运动员所掌握的技术群中,那些对其获取优异运动成绩有决定意义的技术是能够展现个人特点或优势、得分相对较高的技术。在训练中,也应该强调这方面的训练,尽量做到精益求精,力求在比赛中成为获得高分、克敌制胜的关键法宝。

第三节　高校体育教学方法的选择

一、合理选择体育教学方法的意义

(一)教学深度化——注重体育运动思维的培养

体育教学在我国教学体制中发展多年,随着经济一体化程度的加深,体育学习的重要性也日趋突出。以前体育课程的学习乏味、枯燥,强调动作要领、知识点的死记硬背。显然,根据现代教育理念,这种学习方法已经不再适应学生的需要。现代学习基于由内而外的自主学习,不再崇尚"注入"式的由外而内的学习过程。体育教学内容的学习也应当顺应这一理念,关注体育运动发展环境和体育运动思维的建立,重视体育发展的逻辑宽度和深度,从而将高校体育学习深度化,构建高校学生对体育的深度学习。学者们普遍认为深度学习就是在学习者原有知识和生活经验的基础上,通过图像、声音、文本,使其能够构建出综合运用知识的实用体系。

深度学习理论的构建是一种综合性实用主义的发展学习理论。追究对思维的深度和广度的双向拓展施教,最终使学习者将学习动力转化为内需,同时建立起学习精神和深度学习的和谐统一,完成自主学习和自由学习的融合。之所以在高校体育教学中构建深度学习能力的培养机制,也是基于现代高校教学理念的基础,运用合理教学方法帮助学生将所学内容积极运用融合到社会实际当中。

(二)教学方法多元化——重视教材的单元主题意义

在高校体育深度学习的培养过程中,要看重教学单元内容与教学方法的关联性。体育教学的目标、教学计划、教学内容等要以教学单元主题为基础,辅助施教,要让单元主题和内容在合理的教学方法运用过程中有鲜明的、显著的存在,具有整体性。要让学生在学习时能够针对单元主题内容展开提问和反思,形成学习结论,这是体育教学方法合理选择的目的和初衷。脱离教学单元实际内容的开展,体育教学就失去了学习的目的意义,无法体现学习效果。

(三)教学目标——培养学生自我主导性的学习能力

深度学习追求的目标就是要实现学生自主学习能力和知识综合运用能力的提高:在高校体育教学和学习过程中,高校学生大部分还没有构建对体育运动的独立思维和学习的意识,这就需要外界引导他们逐渐建立学习的主动性和思考性,选择合理适宜的教学方法也是基于构建学生自学能力,通过真实场景的运用和适度教学方法的结合,将学习内容贯穿其中,让学生自己发现问题、思考问题,最终解决问题。这种问题思维能力的培养奠定了主动性学习模式的建立基础。

二、选择体育教学方法的依据

(一)以体育教学的最终目标为依据

"以学为主"体育教学方法的设计、实施体现了"以人为本"的理念,体现了学生是教学主体的思想,体现了教学目的要通过学生来实现的思路。在增强学生体质、提高学习效果、培养学生创新意识等方面,"以学为主"体育教学方法优于"以教为主"体育教学方法。对体育教学方法的研究为体育理论增加了亮点,为创新教育提供了方法指引,也为一线体育教师实施体育教学提供了参考。

"以学为主"的体育教学方法和"以教为主"的体育教学方法并没有严格的界限,体育教师应当把握两种教学方法的理念、设计思路和操作方式,以便更好地实施体育教学方法,提高体育教学效果。

高校体育教师在设计、使用、创编体育教学方法时,多从"以学为主"教学方法的角度出发,多应用此类方法。真正把培养学生放在首要位置,不但要发展学生的体能、技能,还要培养学生的情感、态度、创新意识,锻炼创新能力。

(二)以课程内容特点为依据

1. 教学资源的精品化和精细化

体育教学的理念和方法与传统意义上主科课程的教学方法有异曲同工的特点,那就是教学资源的深度挖掘。由于高校学生具有自由发展的特点,学生内在差异性开始增大,对于教学来说,就必然要寻求整体性的基本特征,贴合教学单元内容进行教学资源开发设计。

在备课过程中,要以学生的普遍特征为基础,选择适合学生能力、兴趣的教学方法,同时,对应教学单元内容特点,要选择能够将教学内容内涵进行知识迁移或者外延的适宜教学方法。

2. 教学过程的个别化和个性化

在体育教学过程中,每个教学环节应当选择适宜的教学方法进行分解施教,同时,针对不同能力和接受程度的学生,也应该及时调整教学方法,进行因材施教。而在整体上,根据运动技巧或接受能力将学生进行归类,选择不同的教学方法进行因材施教,以求激发学生的个性化体育发展和自主学习能力。

(三)以学生实际情况为依据

教学是师生共同完成的,学生是主体,起到内因作用。要取得好的教学效果,发挥学生的积极性,实施因材施教是必不可少的。现代体育教学体现了区别对待,尊重学生,进行民主教学。以讲解、示范、纠错为主的教学方法也变成了以探究、自主、小群体为主的形式。体育教学方法的改革也应树立全新的教育理念,更加关注学生的主体性、全体性、社会性、创新性等。

高校体育教育需要不断创新,不仅要实现教学理念上的突破,还应该进行实践教学的变革。高校学生作为即将步入社会的青年,已经具备了一定的社会性特征和个体性发展特点,基于这些特点,选择高校体育教学方法时必须要以学生实际发展情况为基础,结合学生的发展特点,选择适宜的教学方法。比如,在体育教学过程中,高校的学生由于拥有自己的世界观和价值观,在学习自主和创新方面具有不同程度的差别,这主要表现在:第一,学生创新意识、学习效率的评定既复杂又难以量化,仅靠从心理学领域借鉴一些思路来研究体育教学方法的运用未免不太准确;第二,创新教育理念只是理念,体现在教学的方方面面,教学方法只是教学的一个要素,需要与其他要素一起共同改革才能实现教育创新的目标,况且把理论应用到实践中还需要克服很多障碍。但我们相信,经过体育工作者的不懈努力,理论与实践的结合会越来越紧密,体育教学方法的改革也会越来越深入。

(四)根据教师自身情况进行选择和运用

随着社会的发展,素质教育在我国已受到人们高度的重视,体育教育作为素质教育的一个重要组成部分也引起了人们的高度关注。

高校体育课程要求学生掌握多种基本技能,培养学生终身锻炼的意识。作为高校体育课程的实施者——高校体育教师在教学过程中应该改进传统的教学方法,尤其是中年教师和老年教师应该适当改进传统的教学方式,在平时应该多关注国家教育方针的变化和国内外教育理论的研究成果。

就教师而言,教学方法本身只是手段,不是目的,使用体育教学方法要因人、因时、因条件而宜,选择适合学生、适合自身的体育教学方法加以施教,针对学生而言,要积极主动地参与讨论、探究,掌握学习方式,启发思维,进行自主学习、合作学习。

教师的专业化发展,已成为目前国际教师教育改革发展的趋势,受到许多国家的重视,我国也不例外,教师的专业化发展也是教育改革的热点课题之一。随着社会的快速发展,高校教育改革如火如荼。国家出台了一系列教育改革方案。教学提倡以学生为主体,教师为主导,这就要求教师要不断地研究学生的特点,了解学生的需求,根据学生的特点和需求,不断地调节教学计划和教学策略,以适应教学改革的需要。教学改革对教师提出了更高的要求,在新形势下,教师要不断地调整自己的教学策略,以适应教学改革的需要。在教学改革中,教师的工作职能与教学改革之前相比发生了巨大的变化,教师劳动的复杂程度和创造性加强,教学的质量与教师的专业化水平密切相关,教师是教学改革的直接实施者,教学改革的理念要通过教师的教学活动在课堂中体现出来。因此,世界上许多国家兴起了针对提高教师队伍整体素质的教育改革运动,教育改革的重点从重视教师对基本知识与基本技能的传授,转变到关注教师作为"人"的发展方向上来。教师教育改革的范式,也由关注加强教师外在的培训,转变为关注教师自身、自主发展,使教师从对自身教学实践过程的反思中获得专业知识和技能的发展。

举例来说,反思性教学受到了教育界广泛的关注。反思性教学与传统教学模式在教学工作中有着截然不同的表现。反思性教学要求教师对自己的教学行为进行批判性的分析,并且要对自己的教学行为完全负责。而在传统教学中,教师在完成自己的教学工作后,一般很少对自己的教学行为进行反思。随着社会的发展,学校也不再是一个"世外桃源",它在发展中也表现出了教育价值观念的多元化。在这种情形下如何定义教师的专业化成长,成为现代社会普遍关注的问题。而反思性教学的观点正好满足了现代社会教育对教师专业化教学素质的最基本需求,为社会及教育主管部门重新审视教育教学工作的基本性质、提高教师队伍专业化素质水平提供了新的思路和新的途径。

(五)根据教学方法的适用范围选择和运用

体育教学方法发展至今,有多种多样的形式,这对高校体育教学的开展也会造成应用选择上的困扰,究竟如何选择体育教学方法,选择什么类型的教学方法,是体育老师在课前设计时的一大难题。面对诸多体育教学方法,单纯地依靠教育理念显然略显单薄,不能植入体育课程的讲授精髓。在高校体育教学过程中,体育老师必须对每一种教学方法深知熟识,既要了解教学方法的具体操作流程和应用范围,更要解析具体教学方法的施教效果,这样才能灵活而且有效地运用这些方法实现体育教学的目标。具体来说,在选择适用的体育教学方法时,应该考虑以下内容。

首先,体育教学方法多数是移植教育学、心理学、训练学等学科的方法,每种方法的应用都是有条件的,要想在体育课中发挥应有功效,需要更深层次的研究。一些体育教师在实施教学方法的过程中陷入了误区,如把"合作学习法"实施成"自由学习法",把"鼓励、激励教学法"实施成"绝对表扬法"等。

其次,体育教学方法影响因素很多,有些在短期内难以实现改变,并且也不是仅靠师生就能改变得了的,如应试的考试制度、办学条件等。有些问题需师生经过长期艰苦的努力才能克服和解决,如教育理念的转变、教学技能的提高等。

最后,如何把教育理念具体化到方法和行动中,如变"重认知"到"重情感",变"重技能传授"到"重能力培养",变"重结果"到"重过程",变"重教师"的"教"到"重学生"的"学",变"重教法"到"重学法",变"重继承"到"重创造"等,都需要长期不懈的努力。

(六)根据教学时间和效率选择和运用

在运动技能形成的不同阶段,对教学方法的选择有所差异,要在合适的时机选择合适的教学方法,如表4-1所示。

表4-1 运动技能形成不同阶段教学方法对比

技能形成的阶段	适宜的教学方法
初步掌握阶段	讲解与示范法、问答法、分组讨论法、多媒体教学法、降低技术难度教学法、分解法、相似技术教学法、游戏法、保护与帮助法、启发法、比较法
改进与提高阶段	讲解法、正误动作对比法、直观教学法、反馈教学法、完整练习法、鼓励法
巩固与运用自如阶段	重复与变换练习法、语言指导法、加大难度练习法、系统练习法、合作练习法、比赛法、循环练习法、语言指导法、发现练习法、情景教学法

1. 初步掌握

在运动技能初步掌握阶段,要多运用语言讲解法,使学生在脑海中建立动作的初步概念。这个时候讲解要精简扼要,突出重点;最重要的是教师要熟练准确地示范,让学生对动作概念有较为准确的把握。这个阶段可以适当降低技术难度,将复杂的动作尽量简化。

2. 改进与提高

在改进提高阶段,要精讲多练。可以采用正误动作示范法,用正误两种动作鲜明的对比,加强学生对正确动作的认识,消除错误部分,巩固正确部分。这个阶段以练习为主,纠正错误,并且在教师的指导下,逐步消除牵强、多余的动作,形成正确的动力定型。

3. 巩固与运用自如

在巩固与自动化阶段，以循环练习法和比赛法为主，适当加大动作难度，变换练习方法，通过反复练习，提高学生技能水平，同时在各种比赛的条件和相互竞争的情况下，提高学生合理运用动作技术、战术的能力。

三、体育教学方法的选择和应用原则

（一）目标性

教师在选择教学方法时应该综合考虑教学任务和内容，依据不同的目标选择适宜的教学方法，如表4-2所示。

表4-2 依据不同目标适宜的教学方法

不同目标	教学内容	适宜的教学方法示例
教学任务的不同	新授课	讲解法为主，示范法为辅
	复习课	练习法、比赛法为主，讲解法为辅
教学内容的不同	器械体操、游泳等较复杂的技术动作	分解教学法为主
	跑步、投掷等动作连贯且较简单的技术动作	完整教学法为主
	集体项目	小群体教学法、合作教学法
	球类运动	领会教学法
学生的具体情况	运动基础薄弱	降低技术难度教学法、形象教学法
	运动基础较好	增加技术难度教学法、循环练习法

第一,要依据体育课的目的与任务来选择教学方法。例如,如果是新授课,就得更多地运用语言讲解法和示范法,让学生对所学习的技术动作有整体的概念,通过教师的示范能一目了然。如果是练习课,就要以练习法、比赛法为主,以讲解法为辅。

第二,教学内容不同,自然对教学方法的选择也不一样。例如,器械体操基本上使用分解教学法,而跑步、标枪等投掷类项目的教学则适合使用完整的教学法,枯燥的项目尽量使用游戏教学法,而锻炼性项目就适合运用循环教学法等。总之,教师要根据运动技能的性质和具体内容灵活地使用教学方法。

第三,要根据学生的实际情况来选择不同的教学法。例如,对于初学一项技术的学生来说,不适宜使用正式的比赛法,对于体质不好的学生不适合采用循环教学法,对于运动基础较好的学生可以使用增加技术难度的教学法,进一步提高学生的运动技能。

第四,不同教学方法的使用需要的时间是不同的,当然,效率也有所差别。因此,在实际的课堂教学过程中,选择教学方法时要考虑到时间是否充裕,效率是否良好。好的教学方法应该是耗费较少的时间而能够取得较高的学习效率的,从而起到良好的效果。

(二)有效性

教学方法的有效性是在进行体育教学方法选择时的一个关键性原则。现代体育教育考量的就是能够通过体育教学的开展塑造高校学生多向发展的综合社会观和运动技能运用能力。当前,高校学生的综合素养培育已经被深度关注,传统的单纯注重主科成绩而忽视综合素质评价的培育理念已经被淘汰,高校的教育质量越来越趋向学生的整体全面评价,而体育教育的施展是培育学生自身发展理念和体质优化的重要途径,被赋予全新的现代施教意义,基于此,体育教学开展的具体教学方法应用就必然要依托体育教育目标进行优选,从而提升教学方法有效适用性。

1. 关注学生的主体性、全体性

培养学生的学习主动性、能动性和创造性成为教学普遍追求的一种趋势，体育教学也不例外。体育思想实现了由"体育手段论"向"运动目的论"的转变，教学方法设计的重点由"教法"向"学法"的转变，教学方式由"教授"向"指导"的转变等。接受全体性教育是每个学生的"权利"，不让一个学生"掉队"是教师的应有责任。体育教学方法的设计和应用越来越重视对不同水平学生的区别对待，让每个学生都能体验到成功的喜悦，确保全体学生都能得到提高和发展。

2. 关注学生的社会性

体育教学是培养学生合作、竞争、正义、奉献等社会美德的有效途径。体育教学方法的选择，恰恰能给学生提供这样的条件和机会，如合作性学习、群体讨论法、辅导帮助法、榜样激励法等，不但能培养学生的团队精神、集体意识，而且能起到乐于助人、规范行为、友善交往的作用。

3. 关注学生的创新性

培养学生的创新性成为教育的神圣使命。体育教学同样要善于挖掘学生的创新潜质，培养创新意识和创造力，如技术动作创新、规则创新、组织形式创新、学习方式创新等。体育教师要允许学生走"探索的弯路"，多激发学生的求知欲、好奇心、创新思维，多给学生友善的鼓励和指导，多给学生提供创新的机会和环境。

（三）适宜性

体育教学中的方法选择适宜是实现体育教学目标的关键，能够起到事半功倍的效果。例如，在球类教学活动中，选择比赛法增强学生运动的对抗能力，选择情境教学提升学生的社会实践运用能力，同时激发学生的体育自主学习能力。在一些动作要领的基础讲解过程中，使用直观图例讲解和反复练习法相结合的教学方法，能起到促使学生领会动作要领和精髓的作用。

适宜的教学方法能够使学生初始接触教学内容时快速领会教学的学习内容,高效地完成学习计划,从而提升教学的质量。

(四)多样化

体育教学的效果取决于体育教学诸多要素构成的合力,不可能仅靠教学方法单因素的改革就能达到提高教学效果的目的。

在体育教学过程中,教学方法的应用和实施渗透着教育观念、思维形式,这些非智力因素的提高需要时间和过程,而现实教学条件(课时多、训练累、设备不够、学生差异大等)制约着体育教师转变思想、更新观念的过程,导致体育教学方法的改革有形式而无实质。

体育教学需要多个因素的协调配合才能达到理想的效果。教学活动最基本的要素之间相互联系、相互制约。作为其中一个要素的体育教学方法连接着体育教师和学生,又受制于课程,这么核心的一个要素必须与其他要素相互配合、相互协调方可实现教学目标、完成教学任务,切实提高体育教学质量。应该主张每个教师都努力提高自己的教学修养,掌握多种多样的教学方法、手段和技巧,形成高超的教学艺术和教育机制,能因人、因时、因地制宜,灵活运用。在思想方法上关上形而上学的门,打开唯物辩证法的门,不断开拓、不断创新。

综合高校体育教学的理念、思维导图、设施条件,在教学方法选择应用上应该充分进行多元化考虑,引入多样性教学方法综合开展机制,让高校体育教学能够得到有效的施教作用。

第五章 高校体育教师创新能力的要求

21世纪,科学技术迅猛发展,知识经济初见端倪。知识经济要求教育进行全面的改革,才能适应其发展的需要。振兴民族的希望在教育,振兴教育的希望在教师。传统的"传道,授业,解惑"的教师角色不能适应创新教育的需要。教师不仅要成为创新活动的实践者,也要做学生创新精神的培养者、创新学习环境的构建者、创新途径的开拓者。

第一节 高校体育教师创新能力的概述

一、对于"创新"和"创新教育能力"的诠释

就一般意义上说,创新是淘汰旧的东西,创造新的东西,它是一切事物向前发展的根本动力,是事物内部新的进步因素通过矛盾斗争战胜旧的落后因素,最终发展成为新事物的过程。更具体地说,创新是创造与革新的合称。它具有:新颖性(不墨守成规、前所未有)、独特性(不同凡俗、独出心裁)、价值性(对社会或个人的价值具有进步意义)。综合起来最根本的特征就是一个"新"字,没有"新意",也就无所谓创新。现代意义上的"创新"概念,最早见于熊彼特的《经济发展理论》一书。他以企业活动为研究对象,从经济学的角度对技术和经济间的基本互动机制进行了考查,提出了著名的"创新理论"。[1]

---

[1] 熊彼特.经济发展理论[M].邹建平,译.北京:中国画报出版社,2012.

"创新"概念可理解为人们在进步观念的驱使下,面对变化了的客观环境,探寻新方式、新方案、新对策的活动。它涉及的领域相当广泛,包括观念创新、理论创新、科学创新、技术创新、产品创新、工艺创新、体制创新、市场创新、组织创新、管理创新等。

"创新"有层次之分,美国著名人本主义心理学家马斯洛认为,创新有两种水平:第一种水平叫作"特殊才能的创新",第二种水平叫作"自我实现的创新"。前者指的是科学家、发明家、作家等杰出人物的创新,指他们的新想法、新发明、新贡献是整个人类社会中前所未有的;后者指的是在开发人的自我潜能意义上的创新,由此产生的新思维、新事物,对社会和他人不一定是新的,但对创新者自己来说是新的。德国心理学家海纳特曾把前一种创新称为"真创新",而把后一种创新称为"类创新"。"真创新"是对人类而言,"类创新"是对个体而言。教师的创新更多地表现为"类创新"。这种创新观丰富了创新性的内涵,有助于提高教师开发自身创新能力的信心和热情,是值得提倡和推广的。

能力是符合活动要求,影响活动效率的个性心理特征的综合,教育能力是符合教育活动要求,影响教育活动效率的个性心理特征的综合;创新教育能力是符合创新教育活动要求,影响创新教育效率的个性特征的综合。创新教育能力包括两个层次:即一般性创新能力和特殊性创新能力。一般性创新能力包括:①培养观察力、记忆力、想象力、思维力、情绪情感能力、意志力、个性心理能力;②上好创新教育课的能力;③进行创新活动指导的能力;④学科教学和活动课教学渗透与培养一般创新思维品质的能力;⑤对学生创新素质发展进行评价的能力。特殊性创新能力,包括培养语文能力、数学能力、音乐能力、绘画能力、体育能力等方面的能力。

富有创新性的教师总是善于吸收最新教育科学成果,将其积极地运用到教育、教学、管理等过程中,并且富有独创见解,能够发现行之有效的新的教学方法。在个性品质上往往表现为幽默、热情、乐观、自信,乐于接受不同观点以及对其工作之外的其他事情也表现出强烈的兴趣并积极参与。在教育教学方面,注重教育艺术和机智,有强烈的求知欲和成就动机。在教学风格和技巧上,善于经常变换各种教学手段,激发学生积极思考,鼓励学生参与课堂教学相互交流并讨论各自观点。驾驭教材能力很强,对学生的课堂反应有很强的敏感性;凭直觉进行教学,想象力非常丰富,不拘泥于已有的规划或既定的程序。在班级管理方面,创新型教师在对班集体和学生管理时都表现出:努力创设并维护一种易于创新的氛围,得以表现融洽的师生关系、同学关系及班集体风尚。信任、公平、宽容、自由、安全、富于创新性的集体气氛是创新型教师进行班集体和学生管理时所追求的目标。

二、对于高校体育教师创新能力的理解

随着教育部颁布的《全国普通高等学校体育课程教学指导纲要》和教育部、国家体育总局颁布的《学生体质健康标准》的实施(以下简称《纲要》和《标准》),高等学校的体育进入了实质性的改革阶段。新《纲要》和《标准》的实施,对高校体育教师的素质能力提出了更高的要求。高校体育教师应站在专业知识发展的前沿,发现、解决问题,注重自身结构的求新、求异发展。为此,体育教师必须具备不断调整和提高获取新知识的能力,具备很强的组织与管理能力,不断改革教学方法,实践创新的能力;能够科学地指导学生,使学生学会学习、学会锻炼、学会获取知识与信息的能力,并能操作与运用;具备创新意识及合作能力、观察能力、分析与综合能力,给学生提供思维及解决问题的机会,能提醒学生发挥潜能,创新解决问题的新办法。创新教育要求体育教师要不断补充新的教学思想,要开放与动态地呈现知识,要实现知识的综合化,提高教师对体育教学过程中知识融合、知识渗透以及整合的程度。

(一)高校体育教师应具备的知识结构

高校体育教师的知识结构与其教学效果和质量密切相关。高校体育教师一方面要深化已有的专业知识,另一方面要有广博的综合知识,并能对知识体系加以合理地、综合地运用。为更好地适应高校体育改革和发展的需要,高校体育教师应具备以下知识结构(表5-1)。普通基础知识是高校体育教师知识结构的基础;专业基础理论知识是高校体育教师知识结构的重心,它制约着教师教学、训练、科研能力的高低。教学学科理论对教师能力的形成起指导作用,是教师能力发展的基础。

表 5-1 高校体育教师知识结构

层次	方面	具体内容
普通基础理论	基础学科	哲学、政治经济学、思想道德修养、数学、计算机、外语等
专业基础理论	基础理论	人体解剖学、运动生理、体育心理学、学校体育学、体育保健学、体育测量与评价、运动生物力学和生物化学等
	运动技术与理论	田径、球类、体操、武术、健美(操)、新运动项目等
教学学科理论	教育与体育教育理论	教育教学论、体育教育学、体育方法论、普通心理学、现代科学技术理论、创新学等

(二)高校体育教师应具备的素质结构

创新型高素质人才的培养需要创新型的体育教师,教师创新性的思维和具有创新性的教育教学工作对学生的影响既深刻又持久。教师是素质教育的直接组织者和实践者。高校体育教师不仅要具备一定的知识结构,而且应具备一定的创新能力(表 5-2)。教育教学能力是体育教师创新能力素质的重心,是体育教师教学创新能力高低的标志之一。组织、社交、运动训练和体育保健等能力素质是高校体育教师创新发展的基础。科研和计算机运用能力是高校体育教师提高创新能力素质的根本保证。

表 5-2　高校体育教师创新能力素质结构体系表

能力	具体内容
教育教学能力	教育基础学科理论知识运用、编制教学计划、课堂教学组织、语言表达、动作示范、保护与帮助和电化教学的创新能力
运动训练能力	选材、训练计划制定和实施、指导比赛和裁判工作的创新能力
组织、社交能力	组织课外体育活动、组织运动竞赛和社会交际协作的创新能力
保健能力	医务监督、运动损伤急救和体质测量评价的创新能力
科研能力	创新思维、协同公关和申报课题、撰写论文的创新能力
现代科学技术应用能力	计算机捕捉信息、实际操作、多媒体课件制作创新能力

三、高校体育教师创新能力特征分析

体育教育是素质教育的重要内容和途径,21 世纪的素质教育离不开体育。体育的本质就是促进人的全面发展。人类已进入信息时代,知识经济已初见端倪,而知识经济的生命力在于创新。我国正处于一个重要的历史时期,民族的振兴、科技的发展、综合国力的提高、民族素质的增强都需要大批创新人才,这是时代的要求。中国要在国际上占有一定的地位和竞争力,必须培养大批具有创新意识和创新能力的人才。在体育教学过程中,要把学生的创新意识、创新精神充分挖掘出来,就要靠创新性体育教师用体育教学的特点及创新教法和创新精神去感染学生,努力创建体育教学的新体系。高校体育教师的创新能力自然具有与高校其他专业教师相同的共性,还具有与其他专业教师所不同的特性,那么,归纳起来,与高校体育教师创新能力有关的特征包括哪些呢?

(一)认知特征

1. 观察能力

观察是获得感性材料、寻求创新方向、发现事物变化、抓住事物本质、捕捉实践机遇的重要途径。只有观察能力强的人,才能独具慧眼,把握客观。要培养观察能力,首先要养成勤于观察的习惯,然后再逐步锻炼善于观察的本领。训练观察能力时,要从多角度、多层面进行,既要看表面现象,又要了解内在实质;既要观察局部,又要观察全局;既要注意偶然事件,也要注意必然规律。在全面观察的基础上,把所观察到的信息进行排列、组合、归类、分析,提出问题,发现规律,并坚持长期锻炼,不断总结经验。

2. 获得知识信息的能力

学校体育事业的迅速发展,需要教师去获取和研究日益剧增的有关信息,以便更好地为教学、训练、科研和管理服务。面对大量纷繁无序的信息,需要进行有针对性的搜集整理,加工选择,分类比较,分析研究,探索在学校体育实践中运用这些信息的条件和方法。获得学校体育有关信息的方法有阅读文献、调查访问、座谈讨论、参加学术报告等。然后把获得的资料进行分析、比较、整理、论证、推理,必要时辅以计算,最后得出有价值的建议和方案,应用于学校体育的改革实践与研究之中。信息是创新的源泉。只有掌握了大量有价值的信息,才能为创新提供必要的前提条件。

3. 创新性思维能力

它是构成创新能力的重要因素之一,是人类思维的最高形式,也是整个创新活动的核心。创新性思维能力是由想象力、多向思维能力、联想思维能力及灵感捕捉能力组成的。

首先,要具有丰富的想象力。从学校体育已有的创新成果来看,许多新的发明创新源于体育教员丰富的想象力。在学校体育实践中,不断地提出问题是产生想象力的前提;广阔的联想是产生想象力的途径;渊博的知识是产生想象力的基础;丰富的实践经验是产生想象力的必备条件。创新发源于想象。

其次,要具备多向思维能力。善于多角度、多层面去思考问题。由于创新性思维需要产生不同寻常的思维结果,因此它要求人们从单向思维转向多向思维。对多向思维能力的培养,应注意对某一问题的思考要从全局出发,提出多种思路。当思维在某一处受阻时,应善于及时变换思维走向;当百思不得其解时,可引导注意力转向其他领域,从不同的途径去解决问题,寻找出各种具有独创的新设想。

再次,要具备联想思维能力。善于从对一个事物的思维,联系到对另一个事物或另几个事物的思维。创新性思维的本质在于发现看似没有联系的两个或几个事物之间的联系,因此,联想思维可为创新性思维起到积极的引导和铺垫作用。

知识和经验与联想思维能力有着密切的关系,知识和经验越丰富,联想的广度与深度越大,也就越容易产生意想不到的创新结果。若联想能与边缘学科的知识有机结合,那将会产生更高价值的新思维。

最后,要具有捕捉灵感的能力。灵感思维是指突如其来的对事物的本质或规律的顿悟与理解,以及使问题得到解决的瞬间思维形式。捕捉灵感的能力是指具有将瞬息即逝的灵感思维紧紧抓住,并及时加工成创新设想的才能。它是经过紧张、深入思考和探索之后产生的思维成果,具有突发性和瞬时性特征。灵感思维的出现,人们往往没有心理准备,很容易稍纵即逝。所以要及时记录下灵感思维的内容,保持思维热度,并适时向纵深化扩大思维成果。灵感的产生与艰苦积极的思维活动、丰富的知识经验及占有大量有价值的信息等因素有关。

(二)知识能力特征

以现代素质教育为主体,以全面提高学生思想品德、科学文化知识和身心健康、发展个性为目标的新型人才培养模式对体育教师的思想素养、心理素质、知识与能力特征等都提出了越来越高的要求。由于体育教师职业的特殊性,其思想作风、业务水平、心理素质都会对学生产生深远的影响。因此,加强体育教师知识与能力的培养,不仅是时代的要求,也是高校体育教育领域里的一场深刻的变革。

1. 知识特征

体育教师的知识特征也可以称为知识结构,是指组成教师知识系统的各学科之间的组合方式及其比例关系。体育教学的主体是人的教育过程,而人体本身就是一个非常复杂的系统,它不仅具有社会属性,而且具有自然属性。对人体进行创新性的教育当然要从人的本质属性出发,并具备相关学科、相邻学科知识,才有可能使教师所从事的教学工作提高到全新的科学水平上。

2. 能力特征

高校体育教师除了具备一定的知识外,还应具备一定的能力才有可能完成创新工作。这种应具备的能力不仅是指某一种专项能力,而且是各种能力的集合和多种功能及多个层次的综合体。其内在构成可以分为三个层面:整合知识的能力、教学能力和组织能力。

(1)整合知识的能力

创新型体育教师应该具备多方面的知识,并能通过一定的中介形式,使各学科的知识整合为创新型体育教师体系中的"元素"。首先,要有扎实的基础知识。对于教师来说,这种基础知识也是多元的,既包括教育学科知识,又包括人体科学知识。在教育学科知识方面包括教育学、心理学、管理学等学科知识;在人体科学知识方而包括运动解剖学、运动生理学、运动生物力学、运动生物化学、运动医学等。基础知识既是指导体育教学工作的基础,也是解决在教学过程中遇到难、新问题的工具。其次要有扎实的体育专业知识。这一点对于教师来说不仅是构成知识结构的核心,同时也是从事体育教学所必备的知识元素。因为扎实的专业知识可以熟练地把握体育技术的发展规律和教学特点,并能够迅速获取与体育教学有关的各种信息,掌握现代体育教学的发展趋势和方向,为不断更新教学理论和方法提供保障。除此之外,高校体育教师除具有本学科知识外,还应具备自然学科、社会学科以及管理学科知识,这些学科知识是现代高校体育教学的需要。"因为现代体育教学过程是一个庞大而复杂的系统工程,需要有多学科知识的综合应用才有可能驾驭教学活动"。

(2)教学能力

教学能力是指教师将创意付诸教学过程中,并让学生在实践中顺利完成体育技术和技能的能力。该能力表现为创新型教师在教学中善于运用综合、移植、改造、重组等创新技巧。随着高校体育教育科学化进程的步伐加快。"体育教育科学化就是指以具有较高科学文化素质的体育教师及其教学辅助人员以科学理论为指导,制订科学的教学计划,广泛地运用科技成果,采用先进的技术与科学的教学方法和手段,对体育教育的全过程实施最佳调控,有效地提高教学质量,从而达到理想的教学效果和提高学生身心健康水平。"现代高校创新型体育教师应具备的教学能力主要表现在以下几个方面:第一,体育教学过程控制的有效性。因为体育教学过程是一个可控制的系统,要想取得较好的教学效果,就必须对教学实施有效的监控。第二,要在体育教学实践中使其方法和手段不断得以改善,充分利用现有的体育教学成果加强教学的研究活动,重视体育教学信息的搜集与传递。第三,要运用现代人体学科知识排除危及学生健康的教学条件和手段,加强对学生的医务监督,使科学的体育健身练习方法贯穿于整个教学活动之中,为培养学生终身体育思想打下基础。

(3)组织能力

体育教学是一个教学、训练和教育的综合过程,又是一个多层次、多因素、结构复杂的系统工程。其中,教师的组织工作是非常重要的一环,良好的组织工作能把教学的各种因素、环节等有机地连接起来,最优化地发挥其功能和作用。如果没有组织工作能力,要想完成好教学任务是不可想象的,要培养具备一名创新型教师的基本素质是更加不可能的。

组织能力是体育教学一个较为复杂的过程,它涉及体育教学的内容、形式和步骤的各个环节。这就需要教师在体育课的组织上进行周密的设计,以使教学在具体的实施过程中得到落实,因此组织能力也是体育教师创新过程必备的能力之一。组织工作在体育教学中起纽带作用。在教学大纲的规定下,教师运用教材,结合具体情况,制订各种计划,选用教材,合理使用场地器材,充分考虑气候环境等时空条件,针对学生具体情况,做多种多样的组织工作,把教学的诸因素串联起来,这样才能把教学工作具体化、系统化、完整化,所以说"组织工作"是体育教学工作的纽带。另外,由于教育中的诸因素都是通过组织这一手段进行组织、配合,使整个教学过程都有良好的目的性、计划性、系统性、程序性、整体性,因而能使体育教学朝着预期的目的进行。比如,在组织工作中的措施、常规要求等就明显地体现出对教学顺利进行的保证作用。而且,组织工作对体育教学起着优化作用。为完成体育教学工作,必须尽量努力去选择和发挥各教学因素的应有作用。因此,组织工作本身应该是科学的、讲究效率的。因而,好的组织工作,必然对教学起到优化作用。比如,科学地确定学生练习的内容、方法、形式、次数和要求,会收到练习的良好实效。

3. 人格心理特征

创新的时代赋予了教师创新的机遇，创新的事业为教师提供了创新的舞台。社会的发展、学生的成长需要教师去创新，创新型教师的成长需要从创新人格心理特征的形成起步。"教师的人格，即教师的职业人格特征，是从事教师职业的个体所应具有的个性心理品质。"教师的职业表现对学生的影响是长期的，不仅影响学生的学校生活，还可以影响学生的未来。因此，教师的人格和心理健康水平直接或间接地影响学生人格和心理的发展，制约着教育的效果。"体育作为学校教育的重要组成部分，是与学生直接接触最多、互动最充分的一门学科，体育教师的人格和心理健康也必然对学生产生重要影响。"目前有关教师人格、心理健康的研究很多，但大多集中于文化课程，对于体育教师的研究相对较少。因此我们认为，高校体育教师的人格心理特征应该包括如下八个方面的内容。

(1) 执着而坚定

创新的教学活动和过程是一项充满探索性和实验性的工作，其间难免遇到困难甚至失败，可能还会遭到传统评价者的指责，受到别人的冷嘲热讽，遭遇学生和家长的误解。因此，创新型教师需要具有坚韧不拔、百折不挠的意志。因为教育的效果并不是立竿见影的，其效能的证明需要时间。当人们长期沉浸在一种既有习惯中时，往往对创新者的行为熟视无睹，甚至产生一种对创新者失败结果的渴望，从而对创新行为产生巨大的舆论阻力，使创新者承受强大的心理压力。"教育工作往往是育人过程在学校，育人效果体现在社会，存在一个评价上的空间差和时间差，因而创新型教师应对学生产生负责的态度，执着坚定、无怨无悔地对待学生与事业。"

(2) 灵动而有激情

教师的这种深厚的情感来源于对教育事业的热爱，他不是单纯地把教师职业当作是一种谋生的手段，而是当作能够实现自我价值、能够从中得到快乐和幸福的事业，并且确信通过自己的努力，可以得到社会的认可与尊重。与此同时,他也不单纯地把学生视为工作的对象,而是当作能与之相互学习、交流的友人。源于教师内心对教育事业的无限热爱与不懈追求是教师创新的源动力和发动机,是教师创新的灵魂。

西方很多学者也认为,人的创新力、竞争力、工作效率与人的性格有关。成功人士大多充满激情、征服欲强、进取心强。在创新型的影响因素中,情商因素不逊色于智商因素,带着感情看人,带着感情做事,往往会收到意想不到的成果。现今不少管理者和教师在管理工作和教学工作中都极其注重对学生情商因素的研究。研究表明,情商因素通过对个体情绪、心境等诸多微妙心理因素的影响,加强或弱化人的意识、动机,从而进一步影响人的具体行动。创新型体育教师应当具有稳定的情绪,同时还必须富有激情,其情感和思维是灵动的,以此来推动创新动机,激发创新欲望。托尔斯泰说:"我们创新,没有激情是不行的。"特鲁斯坦雅克说:"如果有人认为世界上有什么比教学这一职业更为崇高,那么他们就是一点也不了解这一行。我们热爱教学,热爱学生,热爱自己所教的学科,我们充满了创新的激情。"

(3)明显的开放性

开放性是指教师的变通性和包容性,也是指教师爱好交流与学习,具有多维的价值观,能够多角度、多层面地分析问题、研究现象,能够接受不同的意见,倾听来自不同方面的声音,能够分析、整合不同信息,形成全面、生动的评价。现代社会是一个全方位开放的社会,封闭不会引发创新,不会引起思维的开放,人格的开放能够互相启迪,求异求新。因此社会要开放,国家要开放,学校要开放,思维要开放。具有开放性人格特征的教师才能培养出具有开放性和创新性人格的学生。"创新型教师是善于沟通,热衷学习的教师。教师要善于运用实地观摩、专题交流、网络查询等手段和途径,借他山之石,学他人绝技。"

开放性是创新型体育教师人格特征的重要组成部分。21世纪的教育,应该是开放的、创新的、以培养创新型人才为根本目的的教育。研究和探索高校体育创新型教师素质的培养,注重高校体育教师的开放型人格特征的塑造,是中国体育教育改革与发展的需要,是新时期体育事业发展的需要,更是现阶段创新人才培养的需要。因为,只有具有开放型人格特征的教师,才会培养学生具有开放性和创新性的人格。面对知识经济大潮,面对世界文化范围内知识共享的机遇,高校体育教师应该在思想上开放,在视野上开放,以适应教育发展的需要,因为创新意味着在深度上进一步深化、在广度上进一步拓宽。

(4)应有明确的目标和强烈的自信

明确的目标,是高校教师行为的准则;强烈的自信,是高校教师行为的内在驱动力,也是创新思想不竭的源泉。要创新,就必须打破以往的"思维定式",突破过去的"框框";要创新,又必须采取新的教学内容和方法。只有有了目标和自信之后,才可能树立漠视困难、挫折与失败的勇气,才能不断地扬弃自我、超越自我。唯其坚定自信,才能以昂奋的精神状态去拼搏、去奋斗。

(5)应有顽强的毅力和果敢的行为

每一个创新的目标都是高强度的智力与意志的活动。高校体育教师如果没有在一定的时间里围绕某一创新目标持久而专一的热情,与不达目标誓不罢休的决心,是不可能开展好创新教育并获得成功的。正如爱迪生所说:"天才是1%的灵感与99%的汗水。"要培养大学生的创新品质,教师没有"不管风吹浪打胜似闲庭信步"的坚韧性是不可能实现的。在开展创新教育的过程中,有很多事情是需要高校教师决策的,而如何决策却含有一定的风险。为此,具有不怕失败、不躲避困难,迅速地明辨事实,机智灵活地防范利弊,果断地做出决策,才能达到创新的目的。

(6)应有竞争意识和危机感

马克思认为:"竞争是人类进取心的反映。"列宁也曾说过:"竞争是极力地在广阔的范围内培植进取心、毅力和大胆向前的精神。"俗话说"打铁先要本身硬"。这些道理都向我们揭示一个道理：培养大学生的竞争意识，高校体育教师的竞争意识要灵活。创新人走的是别人没走过的路，要竭尽全力独辟蹊径，要在百舸争流的竞争中不甘落后、有新成就，因此，缺少了竞争意识是绝对不行的。同时，我们也必须看到，危机感与竞争意识是一对孪生兄弟。特别是在当今改革与开放的社会生活中，机遇与挑战并存、困难与希望同在，只有时刻在自己头上高悬一把达摩克利斯之剑，才能在巨大和深刻的变革中，迎接更大的挑战。

(7) 具有强烈的好奇心和质疑精神

对科学现象和教育教学现象是否具有强烈的好奇心，对权威和书本是否敢大胆质疑，是教师创新性思维的重要因素。拥有好奇心和质疑精神的教师，往往对未知和不确定的事物、现象充满兴趣，这种好奇心和质疑精神使他们能比其他人更准确地发现事物的不完善、知识的空白、成分的残缺、关系的不协调，也能使他们从偶然的现象、表面的现象联想和探寻到事物的本质、内在的联系，为进一步的创新奠定基础。在教学、科研工作中，这些教师往往敢于标新立异，经常有惊人的"一鸣"，善于总结事物发展规律，但不受传统思维模式限制，常有超乎常理却又符合事物发展规律的想法和观念。

(8) 具有打破陈规的意识

教育工作的目的是把一个个具有不同特点的学生教育成社会需要的各个方面的人才，所以教师不能墨守成规，也不能一味地囿于个人经验，而是要敢于借鉴、勇于开拓、打破陈规，依据课程变化、学生变化的具体情况，不断寻求适合教育对象和自己的教育方案、方法和手段，使自己的教育教学活动更加科学、完善，并逐渐形成自己独特的教育风格。受传统观念的束缚，中国教师非常注重别人的看法和评价，导致其在教育教学工作中畏首畏尾，缺乏创新能力，因此，这种打破陈规的意识对于教师的创新人格的培养非常重要。

四、培养体育教师具有创新能力的意义

教育对人的个性张扬,以及对激发人的创新精神的高度关注,体现了我们这个时代的灵魂。当前我国教育改革的核心目的就是培养学生的创新性。改革就是消除制约学生发挥创新性的因素。教师是学校教育活动的组织和实施者,也是学生智慧的开拓者、学生心灵的陶冶者,教师的素质必然成为培养创新性人才的关键因素。

(一)创新能力的提高有利于体育教师自身的发展

人是在创新活动中并通过创新来完善自身的。学生的成长和教师的发展具有同样的意义,甚至从某种角度上讲,后者要重于前者。因为,教师的发展是教育成功和学生发展的前提,也是丰富与提升教师生命内涵的实现途径。教师创新性的提高应是教师发展的重要内容和主要目标。如果我们的教师能把"培养人"作为真实的教育目标,把"自我发展"作为个人价值的选择,那么,他们在工作中所面临的一切困难和障碍,无非只是对现有的知识、能力、人格发出的挑战,从而成为推动他们不断学习、反思、探索、创新的不竭动力。正如叶澜所说:"只有用创新的态度去对待工作的人,才能在完整意义上懂得工作的意义和享受工作的欢乐。"

注重教师发展和教师专业化已成为当今世界各国教师教育和师资队伍建设的主要趋势。通过教师专业化程度的提高来提升教师地位,改善教师工作质量,达到促进教育发展的目的。因而研究教师发展、教师专业化是当代教育领域的热点课题。舒尔曼曾指出,教师专业化应具备以下六个方面的基本特征:①在服务社会的过程中将道德力量与知识创新联系起来;②以先进的教育理论与专业知识作为职业支撑;③教师的专业知识在实践中应用和发展;④面对教育实践的不确定性做出正确的判断和决定;⑤在实践反思中发展自身的经

验体系;⑥依赖专业团体实现合作探讨和专业评价。❶ 上述六个方面特征的实现无不有赖于教师创新性的发挥,创新使教师超越了以往工匠式的教学技能模式,走上了反思探究、自主发展之路。创新性的高低也成为衡量教师专业化程度、教师发展水平的重要指标。

(二)创新能力的提高有利于学生创新性的培养

很难设想,如果教师自己对世界并不好奇,他又怎么会使学生产生好奇;如果教师自己的思想是封闭的,他又怎么会使学生形成开放的态度;如果教师自己没有体现出反思的价值,怎么会使学生重视思考;如果教师本身不具备创新的态度和价值观,他又怎么可能有效地教授他们。教师不仅需要熟练掌握学科知识及其独特的认识世界的视角、维度与思维方式,而且更应该充分挖掘学科领域内伟大的发现过程与创新过程,展示其中蕴涵的科学精神与人格力量。也就是说,教育应该用富有创新精神的人去培养、塑造具有创新精神的人。

美国心理学家托兰斯研究发现:教师在培养创新性动机测验中的成绩与学生的创新性写作能力之间存在一定的正相关,这说明教师创新性的高低对学生创新性的培养是相当重要的。另一项研究探讨了教师的态度对学生创新性的影响:教师对学生自主性的重要的认识,与学生倾向于挑战、好奇、独立控制自己的愿望有明显的相关。可见,教师在教学中的态度会影响学生的内部动机,进而影响创新性。因此,教师的热情会带动学生的热情,教师的创新会引发、带动学生的创新。从这个意义上,我们可以说,教师的创新性是学生创新性的活水源头。

(三)创新能力的提高有利于学校教育改革的实现

教育改革是学校教育前进的动力与过程。学校教育改革的实现与教师创新性的发挥与提高应该是统一的过程。以往的学校教育改革,基本上走的是一条从外而内、从上而下的路子。常常是由某种理

---

❶ 任洪.语文教学的课堂属于学生[J].科学与财富,2011(9):2.

论作先导,行政手段作鞭策,在学校中贯彻、实施、推广。教师只是改革方案的简单执行者。当今,无论是理论研究者还是实践工作者都意识到:任何一位教师以及他所面临的任何一个教育情境,都是具体的、独特的、不可重复的、长年积累的独具个人性的实践经验是其他人的经验无法替代的,也是任何一个理论所不能完全验证、解释得了的。以往的教育改革实现的仅仅是物改,着眼于教科书、教育技术设备、教育制度的改变,忽视的是教师教育观念、教育教学行为的改变,教师工作方式的改善以及进而所能引发的教学模式的真实改变。如果不能充分发挥教师的积极性与创新性,并且落实到他们的具体教学实践中,中国的教育改革,就如钱理群先生在一篇序言中所说的那样"仅仅成为一阵喧嚣"。

杜威曾强调:"所有其他的改革都取决于从事教师职业者的素质和性格的改革。正因为教育是人的一切事业中最个人化的、最切己的,所以它的力量的最后凭借和最终来源便在于个体的训练、品质和智慧。假如能拟订一种计划,使教育这个职业得到有力量、素质好、同情儿童以及对于教学和学术问题有兴趣的人,那么,教育改革就不会再有一点麻烦,也用不着再去解决其他的教育问题了。"事实上,教育的真实改变应该体现到人的改变上。只有深入到教师活生生的教学生活中,了解教师的"个人化理论",帮助教师学会在教育行动中反思,从而培养其自我创新意识和自我创新能力。当每一位教师能够认清并改善自己的工作方式的时候,就是教育改革真正获得实效的时候。

第二节 高校体育教师创新能力的制约因素

一、环境因素

(一)社会文化的消极因素是体育教师创新能力发展的阻碍

文化环境与创新性之间的联系是创新性发展研究中的重要内容。不同的文化对创新性的本质有不同的理解和侧重。如产品导向、独创导向的理解更多地来源于西方的价值观,而东方文化则侧重于传统的价值和个体心灵的升华。文化价值观深刻影响着人们创新性努力的方向,并决定着对创新性的态度。

传统是过去在历史中的沉积,又是历史在现实中的再现。中国传统文化的一大特征是重集权,分尊卑。这种文化价值观一方面与当时等级森严的国家制度保持一致,另一方面也给后人留下了君权独尊及崇尚权威的价值遗产。教师严格遵循国家的教学计划和标准,不能擅自改动,成为国家政治的代言人和国家机器的一部分。师道尊严在"崇尚权威"的推动下走向了极端,教师对已设计好的课程目标丝毫不怀疑,学生对教师传授的东西丝毫不怀疑。就如荀子所说:"言而不称师,谓之畔;教而不称师,谓之倍。倍畔之人,明君不内,朝士大夫遇诸涂不与言。"在教学实施中,把学生当作接受知识的容器,满堂灌、填鸭式、照本宣科的教学行为方式就是顺其自然的选择了。另外,传统文化尚中庸,求统一,持"天不变,道亦不变"的世界观。"中庸"乃中华民族深刻的处世智慧,它把世界理解为相互依存、相互制约的动态结构,用"权""时中"和"适度"的方法去处理协调各种关系,把矛盾冲突限制在质量互变的"度"的范围内。贵和谐、尚中道,中庸信念在中华民族及其文化的长期发展中构成了社会稳定、安宁与协调发展的精神支柱。然而,保守思想、畏惧变化、循规蹈矩、相随共生,钝化了人们求新、求异的思维,扼杀了个体的创新动机。决定世界万物的"道"是不会变的,一切真理即在圣言、经典之中,即所谓"信而好古",因循守旧成了人们的行为规范,"标新立异"则为离经叛道。

我国的传统教育在价值取向上一直青睐社会本位,从社会对个人的外在要求出发,认为教育的任务就是为社会培养出适合从事相应职业的人,把个体过分统一化和社会化,而不是把个体当作具有独特的发展需要、具有选择能力的能动体,忽视个性的文化取向妨碍了独立人格的发展,从而窒息其创新的意识与能力。"必须把一切活动都纳入某种社会目的。其结果就是使我们模糊了对科学和艺术创新自身特性的认识,造成了更少有原创性创新的局面,甚至堵塞了许多创新的源泉。"教育仅仅从社会角度来看待人,教育与人都成为社会的存在,否定了教育本身应有的超越性。反映在如何看待教师职业的问题上则崇尚唯工具理性,造成教师之于社会而言的外在价值完全取代了之于自身生命发展而言的内在价值。教师成为传递的工具。时至今日,重权威,尚统一,忽略个性的教育传统并未发生根本性的变化。重权威是对自身主体力量的怀疑与否定,尚统一是对求新、多元的现代精神的排斥与抛弃。要改变根深蒂固的传统行为方式,绝非易事,这也是多次教育改革演变为"穿新鞋,走老路"的重要原因。应该看到,创新与多元是当代文化与社会发展的核心理念,深受文化影响的教育领域必汲取开放、进步、创新的时代精髓,导引教师发挥更富创新性的主体力量。

(二)传统的教学观念是体育教师创新能力发展的阻碍

体育教师创新能力的发展首先受到传统教学观念的制约。传统观念主要表现在两方面:一方面是课程体系建设的制约。"传统体育课程体系建设模式的特点是研究人员或专家设计改革方案,进行开发和传播,再由体育教师接受研究者的思想和理论并付诸实施。"这样体育教师在整个实施过程中,只是被动地、机械地把它们变成实践,缺乏教师的参与和认真思考;另一方面是传统教学模式的影响。"传统教学模式在教学目标上力求一致性,内容安排上强调系统性,考核标准注重竞技性,组织形式体现规范性,学生学习要求纪律性,管理呈现机械性。"体育教师在这种传统模式的长期禁锢中,形成了一种相对固定的思维定式,从而产生一种不善于思考研究、积极进取、开拓创新的惰性心理。尽管新的体育课程标准已经实施,体育教学改革不断深入,教师在教学中的被动性和机械性逐渐被淡化和更新,但教师在长期传统的"法定课程"中形成的传统观念和惰性心理,仍然根深蒂固地制约着教师创新能力的发展。

(三)功利主义的泛滥对体育教师的创新能力形成负面影响

人的创新能力的形成并不是一种给定的方法、技术和手段习得,而是人的内在素质的提高和创新性文化模式的生成。在信息化时代,创新首先不是少数精英的技术专利,而是大多数人的内在创新力和个性的普遍发挥。张慧洁在《大学教师创新力的形成及影响因素》中指出:"而现在的状况却是,创新的重心常常从人的个性和创新力的培养和开启,以及自主创新能力的培养,转变为具体的技术、项目、方法、手段的模仿和拷贝、照搬和应用。"❶在与高校体育教师创新有关的影响方面表现在:首先,高水平的科研成果受到重视的程度往往远远超过了人才培养的意义,重视指标的程度远远超过了重视对学生的教学效果。所以,体育教师在相当大的程度上,以是否带来经济效益作为自己进取的标志。在这种情况下,把创新本然的东西,培养学生完全放到了一边。其次,许多高校片面强调高端科研成果给学校科研带来的声誉方面的效应而忽略了本科教学的倾向。本科教育是创新的原点,而这个环节被许多大学所忽略,任何规模的扩张都要由相应的纵向来支撑,否则,必定失败。这是著名的经济学家威廉姆森提出的论断。而现在的情况是非但不能创新,甚至连起码的发展都难以再次保证,重视理工、轻视人文社会科学的现象依然严重,特别是像体育这样的公共科目,更加不受重视。所以,长此以往,就容易造成人文精神的衰竭,这也是高校体育教师创新能力和创新意识被扭曲的一个方面。

此外,许多高校重视有形的指标,忽视无形的人格力量也是一种司空见惯的现象。在传统的利与义方面,重利轻义。这表现在对教师的具有一定含金量的考核上,简单化的市场竞争法则取代学术自身的发展规律,会不可避免地带来急功近利的学术风气和浮躁心态。

---

❶ 张慧洁.大学教师创新力的形成及影响因素[J].黑龙江高教研究,2007(1):111-114.

目前，绝大多数高校把量化考核，即把教师发表的文章数量作为评价教师科研能力、决定聘任与职位晋升的重要指数。这就促使高校教师在残酷的竞争压力下，不得不追求论文发表的数量。从表面上看，学术界繁荣，实际上由于只追求论文发表数量而忽视了教师的人格养成，并没有带来学术的真正繁荣，并且简单化的市场竞争法使学术和大学职业环境发生改变，可能会造成知识分子精神的萎缩。有人戏称：在年度考核制度的压力下，那些有志成为大师的人，不是饿死就是成了待业人员了。可以想象，教师们成天生活在职业生存的焦虑和压力下，其社会地位的下降、职业尊严感的丧失，最终会造成知识分子独立性与批判性的丧失，创新精神也消失殆尽了。

另外，学术人员在进行科研活动时的内心世界被管理者所理解、所尊重与否，学术人员的劳动价值为大学利益机制所公正兑现与否，学术人员在学术群体中互相学习、交流、碰撞、批判所产生的学术思维活跃与否，学术人员具有献身学术理想而执着进行学术劳动的坚韧与否，都是创新能力形成的重要影响因素。

（四）学术民主的贫乏影响体育教师创新能力的发展

创新是思维的产物。要进行创新思维或创新性活动，思维主体除了该具备足够的知识准备、实践经验和科学的思维方法之外，最主要的就是要有充分的学术民主。学术民主包括客观的民主环境和主观的民主意识，这两方面缺少任何一方，都会直接或间接地影响人们的创新思维和创新性活动。学术性是高校的本质属性，学术活动是高校的中心活动。高校的学术研究、人才培养、社会服务等功能决定了高校应以学术民主管理为主，实行教授治校。但现实的问题是，高校多是以学术行政管理为主导，学术民主管理弱化，教学、科研人员在某种程度上成为执行行政命令的工具。在我们的教育管理体制中，教育行政部门对学校管得太多太死，学校缺乏一定的自主权，只能在统一规定的教育模式中运行和发展。行政部门和学校领导对体育教师的考核和评估也存在许多缺陷。对教师考核和奖励的本意，在于通过评价建立激励机制,不断提高教师的教学、科研能力,提高教师的责任意识,进而增强高校的竞争力。但由于学术行政管理中种种不符合学术规律因素的存在,使教师们觉得不堪重负。高校体育教师的"怕"主要与工作有关,与高校的工作环境、管理体制、保障体系不完善有关。如科研方面的频繁统计和公示,脱离实际的鼓励和奖励,一味追求文章的数量或文章发表刊物的级别,给高校教师造成巨大的心理压力。频繁、烦琐的检查评比,过于细化的管理指标,把一些教学工作中不量化的东西硬性量化打分,这种管理限制了体育教师的教学自由,压抑了体育教师的教学个性,等于让体育教师"戴着镣铐跳舞"。对体育教师队伍建设缺乏一套行之有效的能上能下、能进能出的竞争激励机制,难以调动体育教师的积极性,难以促使体育教师按照有利于培养学生创新思维的要求开展教学,使得体育教师在"做一天和尚撞一天钟"、得过且过的状态下应付日常的教育教学工作。学校的一些规章制度缺乏针对性和实效性,在严格的规章制度控制下,教师只会照章办事,缺乏创新性。学术民主则没有严格的等级制度,主张营造民主宽松的学术氛围,强调创新性和享有自由空间,具有分权的特征,其结构是扁平化的、松散的,便于重组和整合。

二、学校管理体制因素

(一)教师评估的信度和效度不力

信度是指评估的可靠性,即是否能准确地对教师的教学与科研做出较客观的评价;效度,即有效性,通过评估是否达到提高教师教学与科研水平的目的。作为评估对象的体育教师,其评估主体是多种多样的,可分为他人评估和自我评估,他人评估包括社会评估和高校内评估,高校内的评估主体又有教育管理者、学生和教师团体之分。

1. 社会评估方面

社会评估一般是看学校的办学质量、人才的素质水平、知识水平和运用知识的能力如何，关注的是高校培养的人才是否能适应时代的要求和社会变动状况。社会是从学生的质量和水平来看待教师的，这虽然有些片面性，但也是反映教师水平的一个侧面。社会对不同层次和级别的高校会有所偏见，存在着一种"马太效应"现象："名校在职教员，特别是少数研究人员，他们发表论文和引起其他研究人员注意的机会较多，并且直接影响到引用次数和各种奖励的领取次数等。"社会先入为主的观念会影响社会对不同层次高校中教师的客观评估，从而影响教师的创新。对于重点高校的教师而言，可能会满足于现有的成就而驻足不前，也可能面临更大的社会压力；而对于普通高校的教师而言，社会压力会更大些，可能会为了迎合社会的要求而被动进行学术研究，削弱了独立自主性。

2. 高校内部的评估方面

教师应该在哪些方面进行创新？是教学方面还是科研方面？还是两方面同时兼顾？培养人才是高校的重要社会职能之一，进行教学和科研是教师应承担的责任，也是教师必备的基本素质和能力。评估的标准偏重于一方，往往会引起教师创新方向的偏移，而这种有所偏倚的评估标准本身的科学性和合理性就值得怀疑，实际上是对教学规律错误认识在评估活动中的具体体现。高校在对教师的评估中，看重教师发表的论文数，而且做了定量的规定，对发表论文的期刊层次做了定性的规定，并且这些要求有日益上升的趋势，追求高层次化，建造科研的空中楼阁，而忽视对教师教学水平的定性和定量标准的相应提高，在提高的同时又具有盲目攀比性，忽视了教师自身的特点、能力和水平。哪些教师应该创新？知名教授该不该创新？知名教授之所以为人们所称道是基于他们过去的创新性的学术成果，但学术没有终身制，过去所有的成绩并不代表现在乃至未来所会实现的成就,如果他们疏于创新,不思进取,其学术之树也会失去赖以生存和发展的根基。

造成这种局面的一方面原因在于把教学与科研全然分离,认为两者互不相干。高校教师虽然是以科研带动教学,但教学过程中教师也会有灵感的火花。所以说教学和科研是相互促进、相辅相成的,如果只谈教学而不重视科研,则不能更深层次地提高学术水平,如果重科研而轻教学,科研就会失去坚实的基础,会落到"纸上谈兵"的危险境地。另一方面原因在于,科研成果与职称评定的强相关性,最终与个人利益挂钩,这种功利性的动机使科研占了上风。

重科研轻教学的风气产生的更为严重的后果是使学生成为老师为个人名誉之争的牺牲品,高校培养人才的基本目标因此被弱化。发挥教师的创新能力不仅仅是对于教师个人的发展和成长有很大的促进作用,更重要的是完成培养创新人才这一重要任务。如果教师创新只是为了个人的职称、声誉等个人的利益,而最终不能贯彻到培养人才的教育实践活动中去,那教师创新的意义就不完整,甚至是歪曲的。

3. 评估指标体系中个体差异问题

"个体内差异评价法是把被评价集合中的各个元素的过去和现在作比较,或者一个元素的若干侧面相互比较。"简而言之,个体内差异评价法是把被评对象放在纵向和横向的空间里作比较,对照现实的状况,从而预测被评对象的发展趋势。这种标准更重视个体差异,能比较真实地反映被评对象的发展水平和程度,避免了被评对象之间由于忽视起点不同所达到的成就差异明显。各个教师的水平起点不同,不能简单划一做硬性要求。不能把刚入校任教的教师和资深的教授放在同一起跑线上比较,否则评估就是不平等的,也是不科学的。同样也会制约青年教师创新能力的发展。

(二)体育科研管理体制不健全

过去,科研需求主体是国家而不是企业。这种体制对国家确立的科研主攻方向来说,借助于政府调控,组织力量,攻克堡垒,收效显著,例如"两弹一星",但对广大高校教师而言则缺少对创新的强烈的社会需求,缺少创新的内在动力。

就目前而言,无论是社会还是高校,从科研项目的申报,到科研成果的评价、科研成果的转化,再到知识产权的保护,存在许多不科学、不规范、不合理的现象。创新氛围备受社会上不良因素的干扰,其中最突出的问题是学风问题,困扰着学术界和教育界,使一些知识分子缺少与其层次相应的素质,而且不良学风又感染着一代又一代的学子,让许多本来很有可能成为创新人才的青年教师流于一般。学风问题的突出表现是缺乏求实的态度和求是的精神,不重视学术的扎实基础,不讲究治学的深厚底蕴,追求于做表面文章,满足于浅尝辄止。受社会上急功近利、急于求成之风的影响,学术界和教育界的一些人士做学问想一举成名。与这种气氛相呼应的是:有的人出钱买文凭、买文章、买著作,作为自己评定专业技术职称的资本;有的人动辄就著出或编出大部头著作或丛书,让人看得眼花缭乱、精疲力竭,也难以领悟出其中"深厚"的学术价值;有的人承接科研课题不是靠学术优势,而是凭借关系和活动能力,以致许多有实力、有工作条件而缺乏活动能力的人争取不到科研课题或项目……这种日益浓厚的市侩气氛,日渐淡化的学术风气,致使不少人的专业技术职称与其学识能力大相径庭,也使不少人得到的荣誉、奖励名不符实。这样的学术风气不仅不利于高校创新型教师的成长,还会腐蚀掉一代知识分子。

引用新制度经济学的观点,这些都属于"搭便车"的现象。"搭便车"使市场机制中的激励机制失灵,人们所获得的与其所付出的并不一致,那些投机者通过"搭便车"而比那些实干的人获得更多的收入,这就必然刺激一些人的投机行为。"搭便车"使社会的创新机制萎缩,在能够"搭便车"的情况下,人们是不会创新的,同时大量的"搭便车"行为也使那些创新者不得不停止创新,因为"搭便车"者免费使用成果必然使创新者处于"创新就亏损"的境地。

(三)体育科学研究薄弱限制创新能力发展

体育科学研究能够促进创新实践能力的发展。体育科学研究不仅能够增长学识、增强逻辑思维能力,而且对调查、实验、写作等能力的锻炼与提高都具有独特的功效。体育科学研究的过程实质就是对创新实践能力的培养过程。可体育教师目前的科研现状不容乐观,高校教师相对好于中小学教师,但也有部分高校教师科研认识不够,目标单一,研究浮躁,只是为了评职晋级,一旦达到目的,就终止科研。"高校教师多数科研意识淡薄,科研能力、层次较低,缺乏学术气氛,发表学术论文的质和量都有待提高,特别是学术带头人严重缺乏。"这一现状限制着教师创新实践能力的发展,也制约着学校体育的改革进程和教师综合素质的提高。

三、个人因素

(一)自身知识、技能积累不够,束缚创新能力的发展

知识、技能是创新能力发展的基础。体育教师知识、技能的获取主要通过学生阶段的学习和工作实践中的自修。体育教师在工作实践中,由于体育教学对体力和精力消耗大,课余需要一定时间进行身体恢复,使自修时间相对减少,同时又面临着在校所学部分知识、技术暂时或长期不用的遗忘,当今知识更新速度的加快,随年龄增长技术技能的下降,各种传统观念、不良现象的影响等,都会给教师本来有限的知识积累带来挑战。如果不能利用一切时间进行科学的学习以增加知识、技能积累,那么这有限的知识、技能势必束缚着创新能力的发展。

(二)偏肢运动影响创新能力的发展

脑科学研究表明,大脑分为左右两个半球,左半球支配着右侧身体活动,是处理语言,进行抽象思维、分析思维、逻辑思维和集中思维

的中枢；右半球则支配着左侧身体活动，是处理表象，进行具体形象思维、发散思维、直觉思维的中枢。"科学家们还应用示踪原子研究发现，当遇到新问题需要创新思考时，示踪原子的密集区恰好落在大脑的右半球。进一步说明大脑右半球是创新思维的发源地，是创新性半球。"体育教师教学的一个显著特点就是按照一定技术要求进行身体运动。实践表明，绝大多数体育教师习惯运用右侧肢体，即右撇子进行技术教学示范，而在日常生活中的肢体运动同样善于运用右侧。从运动数量上讲，左侧肢体的运动明显少于右侧，根据大脑两半球对身体活动交叉支配的原理，左侧身体活动对大脑右半球功能的锻炼明显少于右侧身体活动对大脑左半球功能的锻炼，进而影响其右脑开发和创新性思维能力的发展。

(三)惯性思维的禁锢影响创新能力的发展

惯性思维又称为思维定式和顽固思维，是由于先前的活动而造成的一种思维准备状态。惯性思维使人以比较固定的方式去解决问题。当客观环境无变化时，它有助于人迅速地解决问题，这是惯性思维的积极影响；但当环境变化时，它又常常阻碍人们去解决新问题，这是惯性思维的消极影响。惯性思维是人类思维进化过程中残存的原始本能表现，从表面上看，又是经验思维的一种惰性。它是人们在实践活动中产生阻碍或造成虚假判断的根源之一。在我们教师的教育教学过程中也存有许多惯性，需要我们努力去克服。特别是体育教学活动中，惯性思维很容易造成教师建立主观片面的判断，影响了体育教师的创新能力的培育和发展，严重阻碍了体育教学任务的顺利完成。因此，在体育教学活动中，必须重视惯性思维对体育教师创新能力的影响的研究。

近来，因体罚而造成学生人身伤亡的事件屡见报端，令人触目惊心。学生犯错误是常有的事，问题是如何对待这些错误和犯错的学生，体现着一个教育者的心态。由于惯性思维，作为教师往往高高在上，而现在我们希望教师要有耐心，讲究教育的艺术，学会宽容，给学生醒悟的时间和空间,切忌简单粗暴。这种传统的师生关系惯性思维就严重影响了教师的创新能力的培育和发展。在当今社会,我们每个人都应该具备既是学生又是老师的虚心好学、教学扬长的优秀品质。对此,我们体育教师要有清醒的认识,主动因体育教学的需要,努力在知识、信念、观点、态度、行为、角色等方面做出改变。联合国教科文组织的文献《学会生存》中明确指出:"在教师和学生之间也有一种十分死板的等级关系""统治者和被统治者的关系。"我们必须清楚地认识到,惯性思维的禁锢使师生关系在体育教学中出现的偏失,体育教师的等级观念常常还会在不经意间表露出思维惯性、感情底色和深层预期。因此,作为体育教师,保持对培育创新能力的热情、自我洞察、自我反思的强烈愿望以及终身学习的意识是有效地调整自己、改变自己、提升自己,使自身的教育观念不断更新,教育行为和角色等不断优化的重要基础。

惯性思维的禁锢也同样阻碍了体育教师教学方式的创新。教学最大的忌讳是雷同,没有根据地一味模仿别人,或者照搬别人的经验,缺少个性,大多是不会成功的,当然也是没有生命力的。经验固然重要,但同时也会固化人的思维。教师要创新就必须为实现新的教学目标和培养目标对自己原本熟悉的教学内容、形式、方式、方法、手段等进行重新审视和考虑,做出新的选择与设计。这种破旧立新、富有开拓性的活动,无疑需要投入大量的时间、精力,在缺乏有力制度要求的背景下,一部分教师表现出了得过且过的思想惰性。比如,一些教师由于多年的教学实践,已习惯于驾轻就熟的讲授法、记忆法、练习法,而对侧重学生自主学习、探究学习、合作学习等有利于培养学生创新意识、创新精神、创新能力的方法一时难以接受。他们担心用这些方法后,学生学得不全面、不系统,不能完成既定的教学任务,因此,他们采用传统的方式,年复一年、日复一日地重复"昨天的故事"。他们认为,只有这样才能保证教学任务的完成与教学质量的提高。为师者是否冲破了习以为常的旧的教学观、教师观、学生观的藩篱,是否仍在循规蹈矩地演绎着数年不变的程式而自得其乐,这将直接影响着学校的体育教育教学的创新能力的培育。在改革中,很大程度上我们需要战胜的最大敌人是我们自己,而这个"自己"就是自己的惯性思维。教学求创新,教育贵思考,当换个角度跳出原有惯性思维的框框时,我们就走上了一条新路。思维固化,故步自封,就意味着灭亡。教育者必须与时代同步,与教育发展同步,自我清醒,不断反思,克服惯性思维,冲破经验主义的怪圈。因此,体育教师必须摆脱思维的单一性、僵硬性和习惯性,打破固定不变的思维框架,使思维具有多变性、灵活性和独创性,才能在改革创新中预约成功。

综上所述,制约教师创新能力发展的因素是多方面的,并且各种制约因素是相互作用、彼此联系地影响着创新能力的发展,客观正确地分析这些因素,找出问题存在的根源,逐步给予解决,才能使其创新能力不断得到发展与提高。

第三节 高校体育教师创新能力的提高策略

《学会生存》中明确指出:"教育具有培养创新精神和压抑创新精神的双重力量。"好的教育能够充分施展培养创新的力量,提高受教育者的创新素养,而不恰当的教育则可能构成对创新的打压与窒息。因此,加强体育教学的创新教育,必须先审视教育自身,必须从教育和教育者的自身改革创新做起。

一、更新观念,提高创新意识能力

(一)树立正确的创新观念,不断增强创新意识

观念影响人的思维和行为,同时也影响着人的能力发展。要实现创新能力的持续发展与提高,体育教师首先必须树立正确的创新观念。一是体育教师要有创新的价值观。创新是人类赖以生存与发展的重要手段,是社会前进的动力,是个人成才之基础。创新能力是

生产力诸要素中最核心的要素,具有神奇的力量。创新是人类本质的最高体现和表征,发展创新力就是维护人类的天职,就是珍惜人类进化的成果。二是体育教育要有动态的知识观,不能把知识看成绝对的真理,不墨守成规,不迷信权威,敢于标新立异,不以固定观念看待事物,不以老经验解决新问题,要认识到知识在被个体接受之前,它对个体而言是毫无权威的。教师对知识的学习接受,要靠自己的建构来完成,以自己的经验、信念为背景来分析知识的合理性。三是体育教师要有积极的文化观。"历史发展表明,积极的文化观念对创新能力的发展和发挥起着推波助澜的作用。而消极的文化观念则会严重窒息创新精神和创新能力。"创新意识强的人会有强烈的创新欲望和创新勇气。体育教师的创新意识就是体育教师在教学和训练过程中,从不同寻常的独特角度来分析或解决所遇到的难题的思维方式,它包括一个人强烈的进取心和坚定的自信心。体育教师只要树立起正确的创新观念,对创新具有一个客观的认识,就会打破传统体育课程体系和教学模式对教师思想的束缚,不断进取,认真学习,勇于探索实践,善于观察研究,不断感受到通过辛勤劳动而获得创新成果的乐趣,能不断地进行自我激励,敢于尝试,不怕失败。开拓进取,使自己的创新意识和创新精神得以强化、发展和弘扬。

(二)要善于思考,不断发展自己的思维能力

思维是创新能力发展的关键,是创新的源泉,人类所创新的每一件物质产品和精神产品都属于思维的结晶。各种思维能力直接影响着创新能力的形成与发展,发展自己的思维能力应注意以下三点:首先,必须克服定势思维,形成独立思维。问题是创新之母,也是探索事物的开端,形成和培养自己的创新能力。必须养成独立思维、善于提出问题的习惯。人是有求异心理的,对于自己的独创性见解,只要能自圆其说,有合理性,就应自我激励,敢于想象。创新在求异多变的体育教学中体现为,教师应灵活地运用知识、技术克服常规化、模式化的思维定式。其次,要善于运用发散性思维。从多层面、多角度

思考问题,寻求解决问题的方法和创新设想。心理学家也认为:"创新能力正是经发散思维而表现出来的解决问题过程的流畅、变通与独特三方面特征的能力,发散思维水平的高低在某种程度上决定了创新能力水平的高低。"因此,体育教师在教学实践中,应善于激活和运用自己的发散性思维。再次,要善于发挥自己的想象力。在体育教学中,教师应通过动用自身的知识、技能,不断实践、不断提出问题,广泛联想,以挖掘和提高想象力,注重自己创新思维的训练,激发创新活动。

二、改善环境,强化外部创新条件

德国心理学家海纳特认为,造成教师创新性匮乏的一个重要原因是当今学校和社会并不重视人的创新能力。因此,为了培养创新型教师就必须为其营造创新的环境。创新环境包括学校环境和社会环境。学校是教师施展创新活动和实现教育理想的重要场所,对教师创新性的发展有重大影响。学校要努力营造具有浓厚的学术气氛、宽松的政策环境、优良的群体结构、良好的人际关系等软环境,为造就一批学者型、研究型、创新型教师提供最基本的条件;学校应重视教师的科研成果,使他们的科研积极性和创新性得到发挥;学校应为教师创设一个团结、协作的环境,使教师心情愉快、精力充沛地完成各项科研任务。学校要努力营造创新性环境,实施创新性管理,最大限度地把每一位教师的潜能激发出来,使其个性和特长得到自由、全面的发挥。

(一)大胆创新,创新性地使用场地器材

体育场地器材设备是完成体育教学任务的基本条件。不可否认,由于我国还处于社会主义初级阶段,经济还不是很发达,对各级学校体育的场地器材经费的投入还不是很多,存在着活动场地不多、教学器械不足、设施简陋的现状。这就要求体育教师发扬主人翁精神,在原有场地器材的基础上进行创新,大胆设计,合理安排,为创新

的体育教学提供物质保障。

（二）积极努力，不断创设有利于创新能力发展的环境

实现体育教师创新能力的持续发展与提高，必须要具有一个有利于创新的宽松、和谐的良好环境，主要包括教学环境和学术环境。要创建有利于创新的教学和学术环境，教学管理部门应在创建宽松、民主、高效的教学、科研氛围方面进行改革。建立一个创新型的领导集体。带领广大教职员工进行创新性活动。因为富有创新精神的领导能给教师们起到示范和引导作用。也只有这样的领导集体才能创设自由的氛围，才能尊重教师，并为教师创新提供支持。建立激励机制，从政策和制度上为教师提供创新条件，调动教师的积极性，发挥教师的能动性；对教师的创新活动应给予积极的支持，及时做出有利于促使教师创新的评价，给予创新的教师应有的激励或奖励，对教师的创新成果应积极地推广应用。为教师提供各种方便和机会，尽力帮助教师解决实践过程中的困难，消除他们对创新结果的后顾之忧，同时对创新成果积极推广并予以重奖，让每一位教师勇于实践、敢于探索、善于创新；广泛宣传，使教师能够看到创新的价值和意义，进一步促进教师创新活动的开展，强化创新意识，使教师在创新过程中，不断地发展并提高自己的创新能力。

（三）完善体系，建立健全创新保障制度

创新保障制度，即创新保障体系的制度化形式，具有规范性和约束性。它不仅对管理者的责任和义务做了规定，同时对教师创新活动所应遵循的基本原则有所规定。将各自的责任和义务及权利透明化，一方面有利于管理者提高管理效率，接受他人监督，另一方面则有利于激发教师的创造性。创新保障制度大体应涉及以下内容：对管理者而言，高校内部的仪器设备、图书馆资料以及为教师信息化提供的一些基础设施等能满足教师教学与科研的需要；教师对外交流，包括学术交流、继续教育和在职培训；对教师创新成果的肯定和承

认,设立一定奖惩标准等。创新保障制度的建立,需要管理者、教师、学生等学校成员的共同参与和讨论,以做到决策民主化,并在实际工作中,不断完善,逐步建立符合本校实际情况的创新保障制度。

三、自我培育,提高创新实践能力

(一)认真学习,不断获得丰富的知识和熟练的技术、技能

"创新必须有突破,要突破就必须创新。创新必须继承前人的知识、技能,掌握前人总结的经验。""将旧有的观念或存在组合在一起,形成对社会有价值的新的精神观念或物质存在。"心理学研究表明,个体的创新性与个体的智力、个性及知识有关。由此可见,知识和技能的学习与掌握是创新能力发展与提高的基础。体育教师要实现创新能力的持续发展与提高,就必须在学习中巩固现有专业知识、技能和文化知识,还要博览群书、学习新知识、新兴体育项目和运动技术,不断开拓自己的知识面和技术、技能面。因为现代社会的新知识、技术层出不穷,知识更新速度越来越快,新知识、技术的学习对体育教师创新能力的形成与发展显得尤为重要。随着信息社会的到来,国际互联网的普及、延伸和覆盖面的增大,为广大体育教师提供了丰富的学习渠道;继续教育的实施也为体育教师提供了学习机会;进修、培训、各种交流、攻读学位等都为体育教师的继续学习和深造创造了条件。体育教师只有抓住机遇,勤于求知,才能不断获取应有的知识、技能,才能以丰厚广博的知识、技能,为自己创新能力的发展与提高打下坚实的基础。

(二)勇于实践,不断发展创新实践能力

发展创新实践能力主要是通过教学和科研两条途径。体育教学具有实践性强的特点,教学过程就是在规定目标、内容、任务的前提下,教师运用教育理论,面对不同群体(学生),将知识、技术最大效率地传授给学生,获得最佳效果的过程。在这个过程中,部分要素是固

定的,但教师的知识层次、相关知识面、技术专长、教学能力及学生群体的素质、知识的接受、技能的形成等是千差万别的,那么最大效率和最佳效果的获得就需要教师根据各种要素,发挥专长优势,符合学生实际,采用最优化的教学手段、形成最优化的教学过程。这实际上也就是教师的教学创新实践过程。体育科研就是根据学校体育的已知因素和发展变化规律,凭借个人的学识和思维能力,预测未来发展结果或可能出现的现象。研究中的预测能力决定着选题和研究思路,调查实验能力直接影响着调查实验设计、过程和效果等。科研过程实际上也是一个创新实践的过程。科研能力直接影响着创新结果。因此,教师必须勇于实践,积极从事教学探索和科学研究,勇于创新,在实践中不断训练自己的创新能力。

(三)努力探索,不断发展个性

个体的个性与创新性有关,创新能力的发展与提高必须从塑造自己的个性入手。体育教师塑造自己的个性必须从四个层面做出努力:一要具备人的共性。要想立业,必先立人。普通人具备的素质,自己也必须具备。体育教师是知识分子,同时也必须具备知识分子的共性。要塑造出色的个性,必须先成为一个优秀的人,这是成为一个优秀的知识分子的前提。二要追求独立的人格。追求独立的人格就要有"富贵不能淫,贫贱不能移,威武不能屈"的独立人格精神。树立主体意识。这就意味着发挥自己的能动性、主动性、选择性和创新性,意味着追求自己的理想和人生价值目标。工作中要善于体验主体意识的满足所带来的快乐与激情,力争做一名具有主动性的人,成为自觉的创新主体。三要发挥个人的优势。体育教师各有自己的知识结构、技术专长、工作能力和兴趣爱好等,每个教师的综合素质各不相同,每个人都有自己的短处,也有自己的长处。虽然人有所长,但不一定每个人都能准确地看到自己的所长。有了所长,关键是自己要能发现这种优势,发现了自己的优势,就要在教学中努力地发挥它、强化它,进而形成鲜明独特的个性特征。四要全面展现自我。体育教师如果发挥个人优势是个性在某一点上的深化和突破,那么全面展现自我就是个性丰富性上的拓宽与完善。"个性是一个多素质系统,本质上是丰富多彩的,有时甚至存在着矛盾因素。"人是一个有机的整体,个性中的多种素质是相互作用、相互影响的,只要我们认识到这一点,运用多维方法努力探索、思考问题,将多种素质(包括矛盾因素)建立联系,就会产生新的解决问题的方法。体育教学是一个开放性的教育过程,它具有创新性探索和研究的性质,因此体育教学也是一个不断开拓、不断创新的过程。作为体育教师就是要敢于突破权威思想,敢于提出变革的见解,大胆探索,使自己具备创新精神,才能使教学科研成果不断更新。

第六章 大学生体育锻炼与心理健康

第一节 大学生的心理健康状况及影响因素

一、当代大学生的心理矛盾与困惑

(一)独立性与依赖性的矛盾

大学生由于正处于身体发育成熟阶段和心理迅速发育并走向成熟的时期,充满自尊和自信,想极力摆脱父母的束缚,渴望独立的生活,但是由于受父母的过度关注和中国传统观念的影响,依赖性比较强。因此,大学生心理上处于独立与依附的矛盾之中。同时由于社会生活经验不足,在面对陌生环境时,通常表现出困惑和无助。

(二)渴望交往与自我封闭的矛盾

大学生的独立愿望与日俱增,生活范围不断扩大,渴望参与各种活动,广泛地进行交往,特别希望有可以倾诉衷肠的知心朋友。但是由于受我国传统教育思想的影响,从小到大父母的教育训斥和批评多于鼓励和理解,生活技能和人际交往教育缺失,使得离开家的大学生倍感孤独,不敢交往或不知如何交往,处于自我烦恼和苦闷之中。

(三)求知欲强烈与抗挫折能力差的矛盾

大学生的求知欲望非常强烈,渴望通过学习增长知识和能力。但是生活的道路是不平坦的,学习更是一项艰苦的劳动,这使一些大学生处于想好好学习又缺乏动力,想取得好成绩又不愿付出努力的矛盾之中。

(四)情感与理智的矛盾

处于青春发育后期的大学生,情感丰富,渴望与异性交往,对爱情充满憧憬。因此在当代大学里,男女同学交往密切,希望寻找到爱情的人不在少数。但是,感情要面对现实,理智要控制情感。在实际生活中,一些大学生容易感情用事,不善于处理情感与理智之间的关系,由此影响学业和生活。

(五)理想与现实的矛盾

大学生思维活跃,想象丰富,对未来充满希望,有自己远大的目标和理想,而且愿意为之努力奋斗。但是,理想建立在现实的基础上,才能成为他们前进的动力,否则理想会成为美丽的幻想,使自己遭受打击,产生悲观失望的情绪和自卑的心理,甚至产生对社会、对现实的不满情绪,做出不良的行为。

总之,当代大学生是朝气蓬勃的一代,优良的生长环境给身体的成长打下了良好的体质基础,迅速发展的社会环境给心理的发展创造了无限的生机,使学习、生活和工作面临更大的机遇和挑战。大学生应该不断地认识自我、面对自我、解放自我、实现自我。

二、影响大学生心理健康的因素分析

(一)学生自身的影响

大学生正处于青年中期,这一时期是人一生中身心发展变化最激烈的时期,是生理、心理发展的重要时期,是大学生由不成熟的人格状态向成熟状态转变的时期,心理正处于迅速走向成熟而又未完全成熟的过程中。由于心理发展的不成熟很容易出现适应不良甚至影响心理健康。

1. 生理因素

大学生处于青春后期,生理发育还在进行,身高体形的变化,第二性征的继续加强,这些都是大学生特有心理问题的生理基础。根据天津医科大学大学生心理咨询门诊统计,相当一部分大学生的心理问题都与青春期的生理变化有着密切联系。如有的大学生因身材矮小而产生自卑感,因身体过于肥胖而产生烦恼、痛苦心理;有的大学生由于性格有缺陷或胆小拘谨、多疑、冷漠而导致他们意志消沉、情绪过度紧张等,积压到一定程度,便会诱发心理疾病。同时,大学生对于社会道德习俗、法律和纪律的约束,还不能深刻理解。因此,这种心理方面和思想方面的不成熟常常使其产生压抑、紧张、恐惧和羞涩,久而久之,则会影响心理健康。

2. 情绪因素

现代心理学、生理学和医学的研究成果表明,情绪对人的心理健康具有直接的作用,可以说情绪主宰着健康。大学生的情绪处于最动荡和最复杂的时期,情绪特征具有明显的两极性。情绪情感丰富强烈并且复杂,年轻气盛,情绪多变,控制和调节情绪的能力比较弱,心境易受环境变化的影响,在激情的状态下,往往缺乏冷静的思考,容易走向极端;有强烈的交往需求,渴望获得知己和友情,但缺乏交往的主动性,总希望他人先主动与自己接近,处于"守株待兔"的状态,从而导致内心闭锁;这些矛盾和冲突持续过长,强度过大,必然会破坏心理平衡而引发各种心理障碍,阻碍个体的发展和成功。

3. 人格(个性)因素

人格缺陷是产生心理疾病的重要原因。由于每个大学生成长的环境、条件、父母的遗传和教育方式不同,个性也千差万别。同样的环境,有的大学生能适应,有的则感到格格不入;有的大学生能与他人合作,有的却孤僻独来独往,这些都与个性有关。个性决定了一个人的心理承受能力,决定了一个人待人接物的方式,决定了一个人的思维方式和行为方式,所以它对一个人心理健康的影响特别大。

(二)客观环境的影响

影响心理健康、导致心理疾病的因素很复杂,除了受学生自身个性影响外,其中最有影响力的是家庭、学校和社会三个方面。

1. 家庭教育的影响

家庭是孩子成长的第一环境,家长是孩子的第一任老师,是每个孩子成长中不可忽视的因素。家庭对于塑造学生个性、养成生活习惯和行为方式都有重要的影响。"望子成龙"就是中国家长期望值的代号。期望值过高或过低,对孩子的成长都不利,也就是说过宽、过严都会造成一定的不良心理素质。家庭对大学生心理健康的影响主要包括:不完整的家庭对于孩子的心理健康是十分不利的,往往使其产生孤僻、冷漠、粗暴的人格特点;父母关系不良、紧张或冲突,经常吵架甚至相互敌视,孩子在人际交往中往往表现出自私、敌视等心理和道德方面的欠缺;家庭教育方式的"态度不一致""溺爱",又会造成孩子懦弱、虚荣和随心所欲的毛病;家长的经常打骂和严峻冷漠、缺乏人情温暖的家庭氛围会使孩子迟钝、犹豫不决、具有暴力的倾向。综上,现在的大学中,独生子女越来越多,由于他们中的大多数所接受的家庭教育方式都是过分溺爱、包办、放纵,进入大学后,他们首先要培养生活自理能力,学会与别人相处,矫正各种不良个性,这些问题解决不好,便会诱发心理疾病。

俗话讲"三岁看大,六岁看老",是很有道理的,也符合弗洛伊德精神分析理论。凡心理问题突出的学生,查寻其形成原因,总可以从其家庭父母身上找到影子。

2. 学校教育和环境的影响

学校是大学生生活学习的主要场所,学校的环境和教育对大学生的心理状态有着更直接更深刻的影响。

在大学,来自四面八方的学生汇成一个群体,他们各自的生活习惯、性格、兴趣有所不同,在人际交往过程中,有些同学很难适应。有的学生想和别人交往,但又怕被人拒绝、抛弃,结果不敢与人交往,把自己的内心世界和情感封闭起来;有的学生是由于异性交往恐惧或失恋致使感情遭受挫折而产生了闭锁心理;有的学生由于性格上的不合群,在同学中不被理解而遭排斥,长期独来独往;有的学生虽有良好的沟通愿望而不得其法,常常引起误解,心情不愉快。这些现象发展下去,必然会影响身心健康。

由于中小学多注重智育,对学生其他基本社会实践和基本生活能力缺乏必要的培养和磨炼,致使不少大学生缺乏独立和自理生活能力。虽然对大学这一新的环境既充满新奇与兴奋,又有很多美好的愿望,但是随着时间的推移,新鲜感逐渐消失,一切都显得很平淡,加上外部约束的减少,学习内容和学习方法的不习惯,对大学集体生活的不适应,由此产生对家人的眷恋和依赖感,深感孤独、压抑、空虚。

因此,大学生中出现的一些突出的心理障碍个案,在查找原因时往往发现与其在小学或中学阶段的经历相关,其心理问题在中、小学阶段要么被压抑下来了,要么仍在积累的过程中,到了大学阶段,学习压力相对减少,外部约束相对减少,隐藏的、压抑的心理问题爆发了出来。当家长发现自己的孩子在大学里出现了心理问题,不能一味地指责大学的教育和管理有问题,要综合考虑。

3. 社会环境的影响

大学生虽身处较为单纯的校园里,但毕竟生活在复杂的社会中,社会上的难点、热点、疑点问题都会受到同学们的关注,引发其思考。大学生的思想观念和价值目标常受到社会正在流行、大众传媒当前推崇的事物,以及新兴网络文化的影响。我国社会主义市场经济的建立,改革开放的深入推进,各种矛盾对大学生的思想观念、心理和行为都产生了强烈的影响和冲击。尤其是市场经济带来的负面影响,使一些大学生产生拜金主义、享乐主义和个人主义的思想。崇尚及时行乐,追求感官刺激,缺乏精神支柱,产生消极厌世的心理,导致身心疾病。加之国家人事制度的改革,打破过去"统包统配"的毕业生分配制度,实行"收费并轨""自主择业"的竞争机制,许多学生面临着在竞争中失败的危险,也给大学生带来了很大的心理压力。

另外,当代大学生求知欲望强烈,掌握信息快,参与意识强,但是,由于社会阅历浅,人生观、价值观尚未定型,识别和抵御能力较弱,对一些社会思潮和流行观点不能正确鉴别,有时甚至盲目崇拜。因此,在现代信息通道上,一些错误的、不健康的信息也对大学生产生了冲击,陷入不知所措的境地,对心理和行为产生消极影响。总之,心理健康问题是影响大学生学习和生活的主要问题之一。通过上述分析我们可以看出,只有在学生自身和家庭、学校、社会的共同努力下,才能使大学生的心理走向良性的发展轨道。

第二节　大学生心理健康的维护与心理疾病的防治

一、大学生常见的心理问题

(一)社会适应问题

大学生的适应问题包括环境适应、人际适应和学习适应等。从某种意义上说,这些都是角色适应。角色体现了个体应对现实生活的必要途径和惯常模式。当环境变化极其显著时,个体在改变角色过程中可能就会产生较多的角色适应障碍。适应问题在新生中较为常见。由于多数新生第一次离开父母、同学、朋友和熟悉的环境,来到一个陌生的校园和生疏的班集体,大学的生活环境、学习环境和社会环境与高中相差较大,多数新生都会感受到不同程度的压力和心理上的不适应。一些适应能力较差的同学会感到焦虑、苦闷和孤独,有些甚至出现失眠、食欲下降、注意力涣散等症状,个别严重的同学因不能坚持学习而要求休学或退学。

自我调节方法有以下三种。①对于环境变化提前做好准备，包括心理准备和现实准备，比如新生入学前可以在网络上查询学校附件的银行、超市、公交车站的地图分布和学校的相关资料，为自己尽快适应大学生活做好铺垫。②提高生活自理能力，学会自己管理自己的生活。③必要时可以向周围的老师、同学提出帮助的请求，使自己更便捷地掌握环境状况，做好应对的措施和方法。

(二)学习压力问题

大学的学习内容和方法与中学时期的明显不同。前者更多的是一种开放性学习环境，后者则更多的是一种封闭性的学习环境。大学开放的学习环境，一方面给同学们提供了自由学习的机会；另一方面也带来了不少问题。其中，所带来的问题主要有以下几点：首先，习惯被动学习的同学，进入大学后没有了老师和家长的督促，可能会出现学习动机不足的问题；其次，有的同学进入大学背负着过重的家庭期望和自我期望，过于看重结果，以至于对学习产生畏惧，使学习成为一种精神负担。

自我调节方法有以下三种。①树立正确的学习动机，避免成就动机过强或过弱。学习动机是激发、维持和调节学习行为的重要因素，学习动机端正可以使我们具有良好的学习态度，勇于面对学习中的困难和挫折，胜不骄，败不馁。学习成就动机过强，学习时就会过分紧张，感到压力很大，也会紧张、焦虑；学习成就动机过弱，就会学习起来没劲头，思想无压力，不认真对待学习和生活。②学习科学的学习方法，探索适合自己的学习方法。大学的学习生活与中学有着明显的不同，如自己支配的时间比较多，自学能力的要求比较高，独立思考和自我选择的机会比较多等。这就要求我们一方面要注意向别人学习，多和同学交流学习心得和方法；另一方面要注意结合自己的情况总结出适合自己的学习方法。③学会科学用脑，避免产生考试焦虑症。大学生应根据用脑卫生的原则，科学地用脑，避免长期过度疲劳,也要避免平时放松,考试时过度紧张。同时应正确地认识考试,做好考前准备工作,预防考试焦虑症的发生。

(三)情绪问题

人人都有喜怒哀乐的情绪反应,当心理需求得到满足时,就会产生积极的情绪体验,有利于身心健康;反过来,如果心理需求得不到满足,就会产生消极的情绪体验而影响身心健康。对于当代大学生来说,由于受到各种社会心理应激的事件增加,同时又处于情绪不稳定时期,各种情绪反应就更为明显和激烈。如有的人遇到困难和挫折时表现出悲观的情绪;有的人由于不能正确地评价自己而感到生活没意思,表现出消极、抑郁的情绪;有的人由于自我封闭又缺乏知心朋友而产生孤独感;有的人由于来自学习或就业等方面的压力而出现焦虑的情绪等。我们应该认识不良情绪反应的危害性,努力培养乐观的情绪,积极调控不良的情绪。

自我调节方法有以下三种。①善于从积极的方面观察和看待事物。任何事物都有积极的一面,俗话说"塞翁失马,焉知非福",遇事多从积极方面考虑,可以增加愉快情绪的体验。②给情绪以适当宣泄的机会。不良的情绪反应过于强烈时,应采取适度宣泄的方法,比如找人倾诉、到空旷的地方高声大喊或者唱歌,不要由于长期的积压而造成不良的后果。③语言调节法和行为转移法。语言调节法可以通过内部语言,即自己跟自己进行内部对话,告诫自己怎么去做;也可以利用外部语言,比如针对自己的情绪写成字条贴在墙上或夹在书里。行为转移法即将自己的注意力从引起不良反应的事情上,转移到其他工作或活动上去,如看电影、听音乐、进行体育活动、做义工等。

(四)人际交往问题

大学生有着强烈的人际交往的心理需求,大学也提供了良好的人际交往的环境与氛围,但是人际交往又是困扰大学生的一个较为突出的心理问题。有的人缺乏自信而不敢与人交往;有的人由于性格的缺陷而不能很好地与人交往；有的人由于缺少交往的技能不会与人交往等,结果造成日常生活中的种种苦恼。

自我调节方法有以下三种。①认识人际交往的重要性,积极主动地与人交往。②寻求帮助克服人际交往的各种心理障碍的途径,比如可以通过心理咨询和心理治疗减少社交恐惧症,基本达到能与人正常交往。③学习人际交往的技巧,比如了解人际交往的距离,可以在社交过程中既不显生疏又不过于亲密,让人觉得得体大方和舒适愉快。

（五）恋爱和性心理问题

恋爱已经成为大学生活中不可回避的问题。大学生或憧憬着美好的爱情,或在实际生活中尝试着爱情。爱情是美好的、浪漫的,它可以愉悦我们的情绪,陶冶我们的情操,给我们带来快乐与动力,也可以使我们消极与失望,给我们带来痛苦与烦恼。有的大学生因为谈恋爱而疏忽了学业；有的因失恋而痛苦,无法自拔,影响正常的学习生活节奏。也有一些大学生因对性知识、性行为的不恰当的理解与认识,受到自我性意识的困扰,出现性幻想、性梦、性压抑、手淫等现象。这种困扰会造成莫名的不安和骚动,严重时就会产生心理障碍。有的过早地发生性行为,造成了怀孕、流产、性病、不孕症、性功能障碍等不良后果。所以,大学生应该拥有正确的认知、健康的心态才能展开美好的两性交往生活。

自我调节方法有以下三种。①认识两性交往的意义,树立正确的择偶观,理智对待感情。②掌握必要的两性交往技巧,在交往中学会感情的沟通与理解。③了解正确的性知识和性观念,理解大学生性发育后出现的性冲动和性需要,采取健康的方式减少性困扰。严肃和理性地对待性行为,不建议大学生过早发生性行为,自觉地维护性健康,预防性传播疾病。

（六）网络成瘾问题

互联网作为最大的信息载体渗透到我们生活的各个领域,给大学生的学习和工作带来了极大的方便,也丰富了课余生活。但是也给世界观还没有完全成熟的大学生带来了很多负面影响,最突出的问题就是网络成瘾。网络成瘾症是指由于对互联网过度依赖导致心理异常的症状和生理功能受损的现象,如学习成绩下降、人际关系不良、身体健康受到影响等。网络成瘾的原因除了网络本身和社会的原因之外,大学生本身往往存在寂寞感、过度焦虑、学业压力、生活状况不好和社交障碍等原因。

自我调节方法有以下四种。①正确认识互联网的作用,提高自我控制能力。②开展丰富多彩的课余活动,培养自己多种兴趣和爱好。③培养良好的人际关系,积极参加各种社交活动。④出现心理问题时,及时进行心理咨询,以解决问题。

(七)就业压力

大学生就业压力是我国"自主择业"就业体制的特有产物,是指大学生在就业情境中许多内外的变量与个人因素交互作用所产生的心理紧张现象。结合当下经济全球化的形势,一些职业的岗位竞争相当激烈。全国范围的大学扩招,使得大学生的就业问题引起社会的广泛关注,已有很多研究表明,就业或者择业压力是大学生心理压力的重要来源。大学生在求职过程中,由于缺乏就业经验和充足的准备,对自己的定位不够准确,易受周围环境的影响,从众心理较强,因而常常处于心理冲突之中,表现出极大的盲目性和矛盾心理。

自我调节方法有以下三种。①提升自身综合素质,正确看待挫折,积累自身的心理资本。②客观认识就业现状,建立正确的职业价值取向。③定期审查自身,对自身做 SWOT(态势分析法)评估,制定适合自身的职业生涯规划,明确职业定位。

二、常见的心理疾病

(一)神经症

神经症过去称为神经官能症,是一组精神障碍的总称。它们的发生多与心理社会因素有关,主要表现为脑功能失调症状、情绪症状、强迫症状、疑病症状、躯体不适等,但是没有器质性病变,没有精神病性症状,有求治动机,社会功能基本完好。

1. 常见的神经症类型

(1)焦虑性神经症

主要表现为广泛和持续性紧张不安或反复发作的惊恐不安,常伴有心悸、出汗、失眠、尿频等症状。

(2)强迫性神经症

主要表现为一种观念或行为反复出现,自知没有必要,但是欲罢不能,为此十分痛苦。

(3)恐怖性神经症

主要表现为对某种物体或情境产生异乎寻常的恐惧和紧张,自己明知是过分的或不合理的,但是不能摆脱。

2. 治疗和预防

主要是药物治疗和心理治疗联合应用。通过药物治疗控制症状,同时进行心理治疗,消除病因,巩固疗效。

(二)抑郁发作

抑郁发作是以情感低落、思维迟缓以及言语动作减少为主要表现的一种"心理障碍"。主要特征有"三低"症状:情绪低落、思维迟缓、行为动作减少。患者表现为:睡眠障碍,入睡困难、早醒、多梦、嗜睡等;食欲下降、性欲下降、体重减轻、躯体不适等。自杀是抑郁症最危险的症状之一,抑郁发作中至少有25%的人有自杀企图或自杀行为。抑郁症的致病因素,一般来说与负面生活事件的刺激或超负荷压力以及人格特征有关。预防自杀是抑郁症患者应当首先考虑的应对措施,主要治疗手段是心理治疗和抗抑郁药物治疗。

(三)睡眠障碍

睡眠障碍在临床上极为常见。英国一项调查证明,有 $1/6-1/4$

的成年人为睡眠问题所苦恼,精神病患者中睡眠障碍者高达45%。国内一项调查发现,大学生睡眠障碍发生率为18%。睡眠障碍的表现形式有很多,其中最常见的是失眠。失眠是一种以睡眠不足为主的睡眠质量不满意状况,其他症状均继发于失眠,包括难以入睡、睡眠不深、易醒、多梦、早醒、睡后不适感、疲乏,或白天困倦。失眠可引起病人焦虑、抑郁,或恐惧心理,并导致精神活动效率下降,妨碍社会功能。失眠的原因以心理因素多见,还包括环境、疾病、饮食等其他因素。

失眠的治疗:①养成良好的生活习惯。改变影响睡眠的不良行为,睡前不饮酒,不喝咖啡或浓茶;睡前1—2小时不做使身心兴奋的脑体力活动;调节不安情绪,创造良好的入睡环境。②心理治疗。消除心理压力,注意睡眠心理卫生。通过各种心理学方法,减轻患者心理压力,促使其保持愉快的情绪,避免产生不良的自我暗示,减轻对睡眠的紧张、焦虑和不安。放松训练、行为疗法或气功对治疗失眠也有一定疗效。③必要时可用药物治疗。

(四)精神分裂症

精神分裂症是一种病因未明的常见精神病,主要表现为感知、思维、情感和行为等多方面的障碍和精神活动的不协调。多起病于青壮年,起病缓慢,病情反复、不稳定,无意识障碍和智能缺损。治疗方法主要是抗精神病药物治疗、心理治疗和社会心理康复。

三、大学生心理健康的维护

(一)大学生心理健康维护的原则

1. 点面结合的原则

辅导员维护学生心理健康,应结合自身优势,采取点面结合的原则。点指的是对重点人群、在重点时段进行心理健康维护的点教育。关注重点人群,如考试不及格、家庭经济困难、新生、毕业生等人群。

面指的是利用各种方式拓宽维护心理健康的面。通过开设心理健康教育活动课、班级论坛、班级博客、深入寝室等进行心理知识宣传、普及心理健康维护知识,对一般学生进行发展性心理健康维护。通过点面结合,使一般学生和个别学生能从事正常的学习和工作;能建立和谐的人际关系;能适应社会,与社会协调一致;能在有利于社会或集体的条件下,充分发挥个体的独立性。

2. 主动性原则

尽管在大学生中较为普遍地存在着心理问题,但是大部分学生并不能真正认识自己以及自己的心理世界,只有极少数大学生会主动寻求心理咨询方面的专业帮助。目前,全国各高校均已设立了大学生心理咨询机构,安排专、兼职心理健康教育教师在心理咨询室接待学生,但直接去咨询的学生并不多,由于个人的思想与心理问题存在很大的隐私性,许多人不愿意让别人知道自己存在的问题,一部分真正存在的心理问题和思想问题往往得不到解决,这就需要辅导员主动出击,从学生的实际需要出发,将学生当作一个独立的主体看待,充分尊重和发挥学生的主体地位,激发学生自我心理发展的自觉性、积极性,关注其根本利益,把解决思想问题与解决实际问题相结合,把耐心教育和热情服务相结合,从而维护其心理健康。

3. 价值维护为主的原则

价值观是人对人生的意义、人生的追求、人生的理想和价值取向的根本表达,是人为自己的人生所建立的标尺,是人为自己定下的人生理想,是人精神世界的核心。价值观对人们的社会活动起着行为导向或规范的作用。每个人的价值观是在社会交往过程中逐步形成的。随着改革开放的不断深入,社会主义市场经济的建立和完善,特别是教育体制改革的深入,大学生的价值取向发生了深刻变化。总的来说,当代大学生的价值取向主流呈积极、健康向上的态势,追求自由、崇尚竞争、务实进取,更加注重自我价值的实现,并渴望将对社会的贡献和个人价值的实现统一起来。另外,市场经济的负面效应也反映到精神生活中,物质主义、功利主义和利己主义的消极价值观通过各种渠道影响着大学生,大学生价值取向不可避免地产生了一些消极转向,如价值观的功利性、世俗化、个人主义、享乐主义等倾向。因此,高校辅导员在当前这样一个多元文化的时代背景下,对大学生心理健康进行维护,应以价值维护为主。辅导员利用自身具有影响力的优势,"把社会主流价值观以直接或间接的方式传递给学生",确立一个健康而且正确的主流价值取向,才能有效地对大学生心理健康进行维护。

4. 每一个人都得到维护的原则

此原则是指人人都能得到健康心理维护的机会。高校心理健康维护者必须转变传统的心理健康教育观念和模式,给大学生提供"引导""选择",而不是"说服""灌输"。作为辅导员可以通过创设一些情境,激励学生积极参与各种情境体验,在体验中尽可能使每个人都可以在活动中寻找足够的机会发展自我、完善自我,从而达到自我维护。

(二)大学生心理健康维护的方法

1. 转变思想观念,将心理健康教育和德育教育有机结合

当前我国教育体制改革正在各个高等学校里深入进行,高等教育既面临着扩大招生的问题,也面临着在已有基础和水平上提高教育质量的问题。面向全体学生开展不同层次的心理健康教育必须要引起高校党政领导的高度重视,而不能只停留在有咨询机构、无相关专业人员,有教育方案、无具体措施上。那么,当我们意识到当代大学生心理健康教育工作任务艰巨时,首要的是确立一种全新的大学生心理健康教育理念。

高校领导要从全局出发,把心理健康教育作为高等学校德育的重要组成部分,加大对心理健康教育工作的硬件和软件的投入;学科

教师要结合学科特点,对学生进行发展心理能力的心理训练,特别是培养学生的认知能力;思想政治教育工作者要善于运用心理学的教育方法教育学生、引导学生。在对大学生心理健康给予高度重视的同时,必须正确认识和处理德育教育与心理健康教育的关系,明确高校开展心理健康教育并不是要替代德育工作,而是将两者有机结合,取长补短,相互配合,使教育更有成效。

心理教育从个人需要出发,在乎的是学生个人的幸福与成功等个人目的。心理教育中的心理辅导、心理咨询和心理治疗主要是以心理学理论,如精神分析、行为分析及认知分析的理论为基础,普及性的心理知识教育也十分需要运用教育心理学的各种理论做依据。而学校传统德育主要是以辩证唯物主义、政治学和教育学的基本理论原则为理论基础。两者采用的教育方法不同。学校传统德育活动主要采用思想政治课程来实施,运用说服、集体教育、环境陶冶、实践锻炼等方法,具有公开性、群众性等特点。心理教育中的心理辅导、心理治疗和心理咨询则注重宣泄、暗示、自由联想、角色转换等方法,具有个别性、保密性、教育者倾听和双方平等交流等特点,注重理论与实践的结合。心理健康教育补充了德育的内容,德育注重人的理性认识活动给予人的影响。它偏重于潜意识结构,弥补了忽视人的心理活动而单纯通过灌输说教解决大学生思想问题的传统教育理念的不足,有助于从受教育者的认识、情感、意志的全过程施加作用,引导其保持健康的心理状态,为接受正确的思想教育创造良好的心理条件。采用心理辅导、心理咨询等方法,让学生从内心自觉接受教育,并学会用自己的力量来解决问题,从而改变人的精神面貌。

一个学生要形成良好的道德品质,首先必须有健康的心态,能够正确认识自己、接纳自己、对自己及他人负责,有心理问题的学生,在对道德要求的理解上可能有阻碍,他会对教育目的要求、措施等表现出不同程度的消极态度和消极行为。另外,心理不健康的学生容易产生品德不良问题,对这些学生仅进行品德教育是不够的,他们需要心理辅导，以矫正性格障碍。这种道德内化所需要的心理素质或心理结构要素的培育，不是靠德育自身，而是由心理的培养和教育来承担的，积极的心理对优良品德的形成必定有积极的作用。

综上所述，高校教育应该把心理健康教育与德育工作有机结合起来。首先，心理教育和德育工作都是为了促进大学生健康成长，而学生的思想意识、道德品质问题与心理障碍问题往往混杂在一起，要帮助学生提高心理素质，树立正确的人生观、价值观是很重要的，这就需要一定的"价值干预"。高校心理健康教育可借助德育途径，在意识层次上提高学生的心理素质，实现二者在教育目标和内容上的有机结合。当然在结合时必须区分思想问题和心理问题，并用不同的方法来解决。其次，将教育方法和手段有机结合。诸如心理教育和心理咨询应根据中国大学生将自我调节作为首选的解决心理问题的方式的特点，改进过去那种坐等学生上门、个别保密交谈的单一方式，借鉴德育工作的方法手段，可采用课堂教学、小组讨论等多种形式，普及心理健康理论和方法，培养和提高学生心理自我调节能力，以促进学生心理素质的健康发展。德育应真正将学生心理素质的培养作为自己的目标和内容之一，把心理教育的相关内容看作德育工作目标和内容合理地扩展与延伸，使德育在关注社会对个人的政治、思想、行为规范方面的要求的同时，更加重视学生最一般、最基本的心理需求，充分尊重学生在品德形成中的主体地位，为有效实施德育提供良好的心理背景。

2. 理性情绪行为疗法

这种行为疗法将哲学和认知情绪、行为策略结合在一起，改变大学生短期或长期的情绪与行为。大学生既处于人生最活跃、最丰富多彩的时期，又处于心理断乳的关键期。在这一过程中，种种矛盾冲突交织一起，加上社会转型与变革的时代背景，使得大学生存在许多心理问题，相当比例的大学生患有明显的复杂多样的心理障碍与疾病，且比例呈逐年上涨趋势。苏联生理学家、诺贝尔奖获得者巴甫洛夫说:"愉快可以使你对生命的每一跳动,对于生活的每一印象易于感受,不管躯体和精神上的愉悦都是如此,可以使身体发展,身体强健。"显而易见,情绪与大学生生理发展、潜能开发、学习、工作效率的提高、人格的塑造等因素关系密切。良好的情绪能使学生对未来充满信心,乐于与人交往,思维开阔,注意力集中,富有创新精神;不良的情绪会严重困扰和影响大学生的身心健康,从而影响其生活质量,干扰学习过程,形成认知偏差。现代许多心理学研究表明,大学生大多数的心理问题与心理障碍与个体情绪调节不当有关。大学生的情绪问题是大学生心理健康的重要方面,大学生不良的情绪困扰严重影响了他们的学习与生活,影响了他们自身的心理健康水平和成长成才。这不仅是大学生心理健康教育中的重要问题,也是我国高校心理健康教育的重要任务。

年龄处于20岁左右的大学生是一个特殊群体,正处于身心发展、成长成才的关键时期。其情绪丰富多变,强烈且易冲动,心境化现象明显,心理承受力较弱,且社会经验不足,自我认知水平有限,神经系统发育尚未完全成熟,内分泌系统十分活跃等原因,还不能对自身情绪进行有效的控制与调节,所以极易产生各种情绪困扰,甚至是情绪失控。面对生活中这些无休止的挫折、烦恼,就有必要对其进行情绪干预。通过情绪干预使其意识到非理性信念的错误,尽可能消除不合理的信念给他们的情绪带来的不良影响,以改变认知来帮助其减少或消除他们已有的情绪障碍,从而重建其价值观,促进其进行良好的自我调节。以改变人们不合理的观念和看法,来调整不良情绪和行为,克服心理障碍,从而促进身心健康。

3. 进行强化适应训练,加强挫折教育

在对大学生的心理健康调查研究中发现,作为学生干部,其适应能力比普通学生更强,原因是学生干部在实践锻炼中获得了一种良性循环的内心体验。因为师生的支持、期望引发出学生干部的自信心,这种自信心又转变为对师生的责任心,对自我的要求更为严格,

积极进取，进而最终获得赞赏。虽然不可能让每个人都承担一定的工作，但可以据此思路对学生进行强化训练。学习是一种积极的思维活动，学习效率除受个体的智力水平和知识水平的制约之外，还与学习者的情绪状态、自信心等因素密切相关。

大学生在遭遇挫折后主要有以下三个方面的表现。①大学生受挫后，自信心降低，情绪状态长期处于焦虑不安之中，使原有的思维能力受到影响，从而会极大地降低学习效率。另外，可能会降低大学生的思维能力与生活能力。②大学生受挫后，容易引起情绪波动和出现行为偏差。如果持续遭受挫折，则可能导致神经系统的紊乱。这样不但会大大地降低大学生的思维创造力，而且使他们的生活适应能力也大打折扣。它也可能会损害大学生的身心健康，使大学生整个身心都处于一种紧张、压抑和焦虑不安的状态。这种消极的心理能量如果长期得不到释放，就会损害身心健康，有时能成为精神病发病的诱因。最后还可能促使大学生改变性格而出现行为偏差。③当大学生遭到重大挫折或持续挫折而又无法做出相应的调整时，就会使某些行为反应形成相应的习惯或个性特征。如一位对爱情充满憧憬、热情开朗的大学生，屡次的恋爱失败使其个性产生变化，他（她）可能由外向热情变成了深沉世故。同时，由于受挫的大学生处于应激状态下，感情易冲动，自控能力较差，不能正确评价自己的行为及其后果，可能会做出违反社会规范的行为。

大学生只有学会了心理挫折的自我调适，才能够尽快、及时摆脱不良情绪的困扰，恢复心理平衡，更好地适应环境。

挫折的自我调适可通过以下途径进行。

(1) 树立自信乐观的人生观

挫折的产生是不以人的意志为转移的，它会使人痛苦、沮丧、失望甚至一蹶不振；也能催人奋进，使人变得坚强、成熟。既然生活中挫折无处不在，那么在学习、生活、工作中遇到挫折时，就要敢于正视现实，不逃避、不畏惧，认真总结失败的经验教训；要学会胸怀坦荡，情绪乐观,做到失败不失志;要更加坚定信心、乐观向上、自强不息、顽强拼搏,最终战胜挫折,争取成功。

(2)调整认知结构,完善自我意识

一个人是否有正确、健康的认知方式,直接关系到他的心理健康状况。学会成功地把握自我,积极地悦纳自我,有效地支持自我是健全自我意识的有效方法。因此,当我们出现情绪困扰时,应检查一下自己的认知是否出现偏差。每个人都要对自己的情绪负责。当人们陷入情绪困扰时,是自己使自己感到不快,是自己选择了这样的情绪取向的,所谓"天下本无事,庸人自扰之"。如果我们能主动调整自己的看法和态度,就可调整自己的情绪,变阴霾为晴朗,进而获得心理平衡,淡化不良情绪带来的负面影响。

(3)转移注意力,学会疏导情绪

挫折状态下所形成的挫折压力会危害人们的心理健康。在遭受挫折时,大学生最好暂时避开挫折情境,将注意力从引起消极情绪反应的刺激转移到其他事物或活动上,可以缓解心理压力。同时,要及时疏导挫折情绪,避免不利影响。大学生要学会适当地表达情感,善于借助他人的宽慰劝导,排解负面情绪,减轻精神上的痛苦。如向信任的朋友倾诉、写日记、听音乐、看电影等,都有助于宣泄情绪、淡化内心冲突,平衡心理。

(4)学会自我调控

大学生应及时疏散和排解心中的抑郁与不快,使自己处于轻松愉快的心境之中。在受挫后,若情绪过激,失去控制,就易产生心理失常,不仅会伤身体,还会做出一些危害他人或社会的事,己于人都不利。要善于控制个人的不良情绪,维持心理平衡。要解脱不良情绪,保持愉快的心理体验,就要学会进行积极的心理防卫。

(5)纠正大学生对挫折的错误认识

大学生对挫折的不正确认识主要表现在三个方面:一是他们认为挫折不应发生在自己身上,因此,一旦遭遇挫折就会出现不良的行为表现;二是以某方面的挫折来否定整个自我;三是大学生把某次挫折的后果想象得非常可怕,对挫折缺乏正确的认识。因此,培养和提高大学生对挫折的正确认识,可以说是提高大学生挫折耐受力的关键,是我们进行挫折教育的第一步。首先,要正确地看待挫折,善于从不同的角度看待面临的挫折。大学生在生活中遭遇一些挫折,当属正常现象。无论在学习、人际关系、社会期待、恋爱、经济问题、评优评先和择业就业等方方面面都会或多或少地产生这样或那样的挫折感,关键在于我们怎样认识它和对待它。挫折对大学生的影响具有两重性,只看到消极影响是片面的。挫折更有其积极的一面,如能增强个体的情绪反应力量,增强容忍度,提高认识水平等。其次,对挫折要进行正确的归因。大学生挫折感产生的原因有两大类,一类是外界客观因素,另一类是内在主观因素。外界客观因素是指家庭影响、教育者素质及教育方式、社会影响、人际关系等;内在主观因素是指自身生理条件、理想与现实的冲突、自身的知识能力、生活的创伤、适应能力、自身阅历等。正确的归因,对造成挫折的原因进行实事求是的认识和分析,弄清挫折的原因到底是外部的,还是内部的,或是内外部两种因素相互交织,共同起作用的。只有以积极的态度去冷静地分析遭受挫折的主、客观原因,及时找出症结所在,才能从个人的实际条件出发,用切实的行动去促使挫折情境的改变。

(6)用榜样激励自己

榜样的激励作用是巨大的。大学生要经常以伟大人物、英雄模范人物为榜样来激励、督促自己,把他们作为自己学习的楷模,对培养自己的意志品质会收到极佳的效果。可以经常读有关他们的人物传记,学习他们的先进事迹。还可收集警句格言来激励自己、鞭策自己,勇敢地迎接挑战、克服困难。因而,无论是家庭还是学校,都应该教育大学生学会承受日常生活中遇到的挫折,鼓励他们从挫折和失败中获得经验教训,增强克服困难的信心,而且要通过提供适度的挫折情境,采取恰当的方法来锻炼大学生的挫折承受力。

4. 课程配套设置

应根据不同年级学生的心理需求设计课程内容，针对不同年级大学生的身心特点及心理需求，开设各种有针对性的心理健康教育，重视学生心理素质的培养和发展，发展相关的能力，是大学生心理健康教育的重要内容。高年级学生更注重个体独立性与自主性的心理素质，低年级学生更注重生活适应方面和人际交往方面的心理素质。对我国高校心理健康教育课程内容的完善，应贯穿于目前高校心理健康教育课程教学过程。目前问题最突出的是，未能科学地设计课程的内容，使得在具体操作时缺乏正确的理论指导，也不能提高学生的学习动机。针对这一问题，就大学四个年级的课程提出以下策略。

(1)大学一年级

心理健康教育课重点在于大学生的适应性培养。刚进入大学学习的新生，经常碰到的心理问题有理想与现实的反差造成的失落感，对大学学习的不适应造成紧张、焦虑、情绪上的不稳定，而人际交往的不适应则产生严重的孤独感，目标的迷失与徘徊导致迷茫等。应该教导学生以诚恳、公平、谦虚、宽容的态度尊重他人，同时也受到他人的尊重与接纳。社会交往对大学生的发展具有非常重要的作用，它是大学生社会化发展的一条重要途径。国内外也有研究表明，人的首创性同乐观、合群都有密切的联系，一个人无论希望在哪方面做出成绩，首先要学会与人交流、协作。大学一年级是应激性生活事件的高发期，学生的生活质量和自信水平有降低的趋势，对大学生的心理干预宜尽早进行。所以，在这一时期心理健康课程的内容要侧重于大学生活适应，建立和谐的人际关系，迅速转变角色，适应大学生活等。

(2)大学二年级

心理健康教育课重点在于大学生认清自我，自我调节能力的培养。大二学生容易出现的心理问题主要体现为：学习任务的加重、学习方法不当、压力大导致焦虑、抑郁和强迫症状加剧，考试焦虑等心理问题。应培养具有正确的自我意识的大学生,在个人与现实环境的相互关系中,在个人的实践活动中,能把理想的我与现实的我有机地统一起来。面对知识经济时代,社会经济高速发展,大学生必须学会善于调节自己,培养自己的调节能力,以逐步消除快节奏的社会生活所带来的紧张和压力。调节能力就是人们面对环境的变化而进行自我调整以适应环境的能力。大学生必须学会随着环境的改变而不断地更新自我,随着社会的高速发展而不断地调整自己,以适应新的环境。这一时期心理健康教育课程的内容应侧重于大学生心理学,正确认识自己与他人,正确塑造自我,培养自我调控能力等内容。通过训练和指导,帮助学生建立对自己科学的认识,了解自己的身心特点,并在自身的发展变化中始终能做到较好地悦纳自己,如了解自己的优势和不足以及自信培养、良好自我形象建立都能促进大学生健康的发展。

（3）大学三年级

心理健康教育课重点在于大学生的情感教育,性与爱、情绪与情感的协调等内容和培养。这一时期,大学生主要出现的问题有人际关系不和谐,就业考研压力的提前到来产生焦虑不安,性困惑和对爱情的渴望而产生的焦虑等。在这一过程中,青年大学生对恋爱本质、择偶原则与标准、性行为与性道德等问题的认识与评价,将会影响其正确人生价值观的建立。因此,大学生婚恋观教育也是心理健康教育不可或缺的内容。针对这一时期出现的问题,教学的重点内容应侧重于大学生的情感教育,性与爱、情绪与情感的协调等内容。

（4）大学四年级

开设的心理健康教育课重点在于大学生社会适应性的培养。到了大学的最后一年,面临着就业和继续深造的现实问题,毕业走向的选择、就业冲突、考研冲突、恋爱走向冲突、离别伤感等问题严重困扰着他们。因此,要加强大学生的择业心理指导,对自己所从事的工作方面的信息以及自己所感兴趣的东西掌握好,其他方面的信息知识尽可能地广泛涉猎,保持一颗平常心,以不变应万变,以便更好地承担自己的职业角色,更快地适应社会。因此,大四阶段心理健康教育仍然不能放松,要把内容的重点放在大学生择业心理指导、如何适应社会、承担职业角色和缓解压力等方面的内容上。

5. 形成"学校—家庭—社会"的互助支持体系

我们知道,任何一种现象的发生都不可能是由单一的问题引起。对于目前大学生出现的心理问题,也无法仅仅归结到教育疏忽上,其中存在着包括社会、家庭等一系列因素。因此,在努力改善大学生心理健康状况的过程中,仅凭心理健康教育课是远远不够的,在课余时间,我们仍需多方面的共同支持和配合,这就是建立"学校—家庭—社会"的互助体系。

高校要从态度上重视大学生心理健康课,给予多方面的支持。作为领导层面,要从政策上和经济上给予支持,针对不同年级学生的心理需求开设不同的心理健康课程,适当增加心理健康课程的课时,以更好地完成心理健康教育任务。学校领导也要注重营造良好的校园氛围,促进学生的心理健康。校园文化活动可以吸引学生广泛参与,为他们提供共同的活动条件,创造人际交往的机会,并使他们得以充分发挥自己的能力与才干,增强自信心,消除孤独感。能让学生在紧张的学习压力之下得到轻松愉快的休息,也有助于形成正确的自我观念、角色意识和生活、工作、学习的良好心态,有助于他们形成健康、积极向上、开朗、活泼、热情且有正义感和同情心的良好个性与品格。

此外,家庭也要采取相应措施,从根本上解决学生的心理问题。和谐的家庭氛围有助于正常心理行为的形成,而不正常的家庭内部关系则有可能造成一个人不适当的心理行为。虽然步入大学后,生活空间由以家庭为主转向以学校为主,与家庭接触的时间要大大少于学校,但是家庭的心理保健功能也万万不可忽视。家庭是每个人温暖的居所,是一个人的第一所学校,也是每个人的避风港,每个家庭成员都受到其他成员的影响，痛苦、失意的时候只有家庭才能给予我们温暖。相当多的家长在子女考入大学后将更多的精力转移到提供经济支持上，而对子女的心理成长问题则关注不够。家庭教育是一个持续的过程，大学阶段的家庭教育是以往各阶段家庭教育的延续，但又有其特殊性，这主要体现在对大学生的家庭教育主要是非智力因素的教育，其内容是配合学校、社会进行综合素质培养。这就要求父母要向孩子学习，并成为孩子心声的忠实倾听者，与孩子进行良好的沟通，不必企图改变和强行塑造孩子，而在于能够进行交流和协商，遵循顺其自然的原则。当然，发挥家庭心理保健功能的前提是家庭成员掌握必要的心理健康常识和教育子女、调节子女不正常情绪情感的知识和技巧。在这一点上，中国目前没有给予高度重视。在美国，有专门的教育机构辅导家长在教育子女、处理与子女关系等方方面面的心理知识，使家长在遇到问题时可以及时地对子女进行必要的指导。而中国在家庭心理健康教育方面的研究较晚，培训家长的机构更是少之又少，所以家庭的心理保健功能并未发挥出来。针对如此现状，家长应主动地汲取心理健康相关知识，同时，社会也应对该问题采取补救措施，举办一些培训班或讲座来扩充家长的心理健康知识。全社会共同重视并将心理健康工作全面落实，是所有策略能够顺利实现的前提和必需条件，只有全社会的共同努力才能把这项工作做好。

就社会角度来讲，可归结为三个方面。首先，从宏观层面，国家和政府的财政支持很重要。任何一项研究都需要大量经费，而心理健康教育课程的教学实效不是短时间就能体现的，但是俗话说得好，"百年大计，教育为本"，作为未来建设者的人才只有心理健康，才会对祖国建设事业的长久发展贡献力量。其次，针对大学生面临的就业、升学等最典型的心理问题，社会可以采取相应措施来加以调控，为大学生创造更多的就业和升学机会，从根本上解决大学生的心理问题。最后，不可忽视的一点是调动社会更广泛的力量，进行心理健康知识宣传,运用电视、广播、报纸、杂志等媒介,广泛宣传心理卫生知识,设立专题栏目、热线电话、咨询服务,提高大学生的心理保健意识。有了这些强大的保障,我们的心理健康教育才会真正落到实处。

6. 健康人格教育

21世纪经济发展和生活环境的变化,引起人们价值观念、生活方式、行为模式等的变革。在这个过程中,人的个性很容易随着社会、经济的发展、民主的进步以及法治的完善发生变化。社会与经济发展的本质要求人的才能的多样化和社会关系的丰富性,要求实现人的自主、独立与平等,实现人格的普遍提高。大学生健康人格教育就是指发展学生心理素质,培养健康和适应现代社会需要的人格为目的的教育。通过人格教育能培养大学生的健全人格。从更广阔的视野来思考人格教育的价值,它还具有推动、升华社会文明的巨大作用,是重建当代民族精神的重要方面。

我国是历史悠久的民族,有许多宝贵的精神文明财富,形成了中华民族优秀的人格特质,如热爱真、善、美,讲求礼、智、信,勤劳节俭,自强不息,艰苦创业,鞠躬尽瘁等,这些传统的优秀人格品质需要通过普遍化的人格教育去挖掘、去发现,使之在现代大学生身上发扬光大。这不仅有助于弘扬我国民族精神,而且有助于克服和消除我国传统人格中许多落后于时代的东西。

大学生健全人格教育,也是社会文明进步的需要。现代社会是以改革为动力前进的,改革的激流渗透到社会生活的各个层面。要改革就离不开创造与竞争,创造性与竞争性是现代社会发展最显著的特征。这一社会特征要求教育从"成才型的学历形成教育"转化为"成人型的着眼于人格形成的教育"。只有培养和造就了大批会生活、会创造、能适应激烈的社会竞争,能够经受困难与挫折考验,心理健康、人格健全的高素质人才,未来社会的发展才有可靠的"基石"和保证。

由此可见，重视大学生健全人格塑造，正是现代教育面向未来社会所做出的必然选择，是一项具有战略意义的新的"希望工程"，具有重大而深远的意义。培养大学生具有健全人格的基本特征和基本精神要素，就要树立人格的理想目标，作为大学生为之奋斗的健全人格的理想模式。在新时期，我们所追求的理想人格，是指一种道德理想或道德上的完美。任何一种社会道德体系，都要树立一种理想人格作为人们道德修养上的奋斗方向和目标。它为人的全面发展注入丰厚的精神动力资源，并规范着人的发展方向。

由上可知，未来社会发展对人的素质的要求体现在理想人格上是比较高的。应该对大学生施行如下的健康人格教育。①乐观的人生态度。包括开阔的胸襟以及宽容、豁达、高尚的精神境界，自我与自然合一；有强烈的环境、生态意识；健康的心理、平和的心态及坚强的意志等各种心理要素协调发展，让理智在心理生活中居支配地位。②有远大崇高的理想。生命不息，奋斗不止，在各种需要中，自我实现的需要居于主导地位；有强烈的成就感、事业心，能够实现自身的价值，为社会做出自己的奉献。③有正确的世界观、人生观、价值观。有正确的价值标准，对生命、幸福有科学的理解，热爱生命、正视生命，在观念上超越生死。④有较强的法律、道德意识。有社会良心，尊重和维护正义、公正、自由、民主、法制等，把幸福与道德有机统一起来，能从奉献中体验到快乐与幸福。⑤有广博、丰富、扎实的知识和技能，且结构合理，具有开放性、可更新性、变通性。在思维方法上，能应对发展变化，要求新、求异，对事物的发展要具有非同一般的预见性；在知识结构上，视野要广阔，要有较强的辐射性、较高的融合度；在技能行为上，要做到一专多能、触类旁通、技能娴熟、能胜任本职工作，驾驭新形势。⑥在社会活动上要具有高尚的道德情操，要富有高度的效能和很强的适应能力。人际关系和谐，有宽容的心态，尊重他人，且受他人尊重、爱戴。

第三节 体育锻炼对大学生心理健康的影响

适当的体育活动可以消除疲劳、调节情绪，对大学生气质和人格的培养起到积极的作用。体育活动在增进人的相互交往、克服孤独感、培养心理适应能力等方面具有重要作用。它已作为一种心理治疗手段被广泛应用。

一、促进人的认知能力的发展

体育活动各个运动项目都有一个共同的特点：即在运动或高速运动中要求运动者既能对外界物体（如球、器械等）做出迅速准确的感知与判断，又能迅速感知、协调自己的身体以保证动作的完成。这样长期的运动便能促进人感觉、知觉能力的发展，提高人的反应速度，提高人的直觉判断能力，使人变得敏锐、灵活；有些运动项目还能充分锻炼人的思维能力、判断能力、记忆能力，如围棋、象棋、国际象棋等；而体操、跳水、花样滑冰、健美操等运动项目则能充分发展运动员的想象力和美的表现力。

体育活动对于学生智能发展的影响，突出体现在以下两个方面。

（一）运动能增加氧的供应，使动脉畅通，改善神经细胞的营养和功能

加拿大一位学者对300名学生进行3年研究的结果表明：那些每天进行体育锻炼的学生，不但身体健康，而且学习成绩优良，他们精力充沛，情绪稳定，并且想象力丰富。

（二）可以开发右脑功能，激发人的创造潜力

右脑是与人的空间图形、直觉、想象相联系的优势半球。体育运动充满了空间深度、动作节律、直觉、想象和各种操作性的逻辑思维和非逻辑思维，因而是开发右脑的极好手段。有资料记载，爱因斯坦的思维方式是：首先把问题变成图像和情景，然后把图像和情景翻译

成语言和数字符号,他是善用右脑的人。❶ 开发右脑,对大学生来说,不仅是增强体质的需要,而且是开发自身的人力资源的需要。

二、体育锻炼可消除心理疲劳

疲劳是一种综合性症状,与人的心理和生理因素有关。体育锻炼是一种娱乐活动,它能使人的头脑从担忧以及其他紧张性思维活动中解放出来。有规律的锻炼会促进身体适应和积极的自我表现,从而提高人对应激的抵抗力。尽管身体活动与心理健康关系的大量研究表明,长期的身体锻炼对心理健康具有促进作用,对身心疾病具有治疗作用,但这种促进和治疗作用不是绝对化的,科学的身体锻炼才能起到上述作用。身体活动有不同类型,活动量有大小之分,锻炼有不同项目,锻炼者在年龄、基础健康状况、人格特征等方面存在极大的差异,适合一类人的锻炼方案未必适合另一类人。必须具体问题具体分析,因人而异,只有这样才有可能使身体活动取得最大的心理效益。

三、体育运动可以培养大学生乐观、积极、开朗的心境

大学生通过参加体育活动,特别是参加那些自己喜爱和擅长的运动项目,会在身体完成各种练习的过程中、在与同伴默契配合的过程中、在与对手斗智斗勇的拼搏过程中,或在征服大自然(如爬山、远足、野营拉练运动等)后,得到一种非常美妙的快感和心理上的满足,同时自尊心、自信心和自豪感在不同程度上也得到了提升。

四、体育运动可以协调人际关系,提高大学生的社会适应能力

体育活动使人与人之间产生亲近感,特别是在竞争活动中,使人与人之间、集体之间的相互交流和协调更加频繁,是对个人心理品质

---

❶ 许良英.爱因斯坦文集(增补本)(第1卷)[M].北京:商务印书馆,2009.

更为严峻的考验。通过体育运动,可使大学生学会如何正确处理人际关系,提高适应社会的能力,加强集体之间的凝聚力。在体育运动中,不论相识与否,都可以找到相互交流的手段,一个手势、一套动作都可以交流信息,即使是那些性格内向、不善于交际的人,也可以在运动中很快互相理解。

五、体育运动有利于培养坚强的意志品质

运动中体验到的轻松感、获得胜利的喜悦感不仅可以激发运动的强烈动机,而且有利于激发勇敢拼搏的意志,使运动技术得到充分的发挥,从而取得良好的成绩。若心怀恐惧、情绪低落、缺乏信心,则往往妨碍技术的发挥而导致失败。因此,在体育运动中,有意识地控制自己的情绪和冲动,克服主客观方面的困难,不仅可以集中注意力以取得好的运动成绩,而且可以锻炼个人坚持实现目标、克服困难的意志品质。

增进心理健康的其他途径有:学习一定的心理卫生知识是促进心理健康的基础,建立合理的生活秩序,学习负担要适宜,注意保护大脑,保持良好的情绪,确定符合实际的目标,学会健康的娱乐方法。

六、体育锻炼能治疗心理疾病

科克·凯尔迪等人1990年指出,"体育活动已作为治疗心理疾病的一种方法"。此外,根据基恩1983年的调查,1750名心理医生中,有60%的人认为应将体育锻炼作为一种治疗手段来消除焦虑症(指一种心理疾病,而不是一般的焦虑反应);80%的人则认为,体育锻炼是治疗抑郁症的有效手段之一。体育锻炼的手段越来越多地被运用到心理疾病的治疗中。巴斯奇于1993年曾调查过两种体育锻炼方式对于医治严重抑郁症的效果。一种活动方式是散步或慢跑,另一种方式是踢足球、打排球及练体操等体育活动结合放松练习。慢跑或散步者每次连续练习30分钟,每周3次,共8周。混合组患者每次

40分钟参加两或三种活动,每周2次,也是8周。在每周的第三天,混合组患者进行放松练习。结果显示,慢跑组患者报告在抑郁感觉和身体症状方面有明显的减轻,并报告自尊感增强、身体状态明显好转。相反,混合组患者未报告有任何生理或心理的变化。可见,慢跑或散步等有氧运动更有利于心理健康。马丁森在1993年的文献回顾也许比上述调查研究更有价值。他回顾了许多有关体育锻炼对于患有焦虑或抑郁症的住院病人的治疗效果,得出的结论是,有氧运动或不强烈的体育活动有助于降低轻度或中度的抑郁情绪。马丁森还简要讨论了体育锻炼与消除心理疾病之间关系的机制。他认为,自我效能、注意分散、控制感等心理机制可以用来解释体育锻炼的心理治疗效应。❶❷

---

❶ 张文仲,杜贞仪,刘余飞.浅析体育锻炼对中学生心理健康的作用[J].体育时空,2016(22):191.
❷ 杨军.谈谈体育活动对中学生心理健康的干预[J].读天下:综合,2017(17):1.

第七章 增强体质健康的运动处方的制定及运用

第一节 运动处方概述

一、运动处方的概念

20世纪50年代,美国生理学家卜波维奇就提出了"运动处方"的概念。1969年,世界卫生组织使用了运动处方这一术语,使其在国际上得到确认。运动处方的完整概念可概括为:"对从事体育锻炼者或病人,根据医学检查资料(包括运动试验及体力测验),按其健康、体力以及心血管功能状况,结合生活环境条件和运动爱好等个体特点,用处方的形式规定适当的运动种类、时间及频度,并指出运动中的注意事项,以便有计划地经常性锻炼,达到健身或治病的目的,即为运动处方。"它是指导人们有目的、有计划、更科学地进行锻炼的一种方式。

对普通高校的大学生来说,运动处方实质上是指导学生有目的、有计划、科学地锻炼身体的一种有效方法。它必须根据大学生的生理、心理特点,有针对性地使大学生学会制订锻炼计划和运动处方,持之以恒地锻炼,从而促进现代大学生的身心健康。

就社会体育的广泛意义,运动处方一般多指以提高心肺功能为主要目的的健身性运动处方,也可指用肢体功能锻炼、提高身体素质锻炼等多种形式的运动处方。

二、运动处方的产生和发展概况

1953年,西德的黑廷格和缪拉等发表了不同强度、不同持续时间和频率运动对人体产生不同影响的论文,引起广泛关注。随后肖立赫、摩根和亚当逊等,创造了一种巡回锻炼法。这种锻炼法是最初的运动处方模式。摩根和亚当逊在研制巡回锻炼法的过程中,还提出超量负荷的具体办法,即巡回锻炼一段时间后再测定极限体能,然后继续按极限负荷的50%原则确定锻炼负荷。这是首次提出人体运动产生适应性反应后,怎样调整运动量和负荷量的问题,是对运动处方研究取得的突破性的重大进展。

1967年,阿肯创立国际老年长跑协会。他提出利用医疗步行、健身跑防治心脏病和癌症的运动处方。霍尔曼研究所自1954年对运动处方的理论和应用进行研究,制定出健身运动处方以及心肌梗死、高血压病、肥胖症、糖尿病的康复运动处方。

1965年,日本以猪饲道夫为首的运动生理学家倡议研制运动处方。随后,以铃木慎次郎为首,建立了一个运动处方研究委员会,并在全国各地设立了二十几个研究小组,进行运动处方的研制和应用实验。20世纪70年代及以后,日本出版《运动处方》《日本健康运动处方》《从生理学基础到运动训练、运动处方》《从运动生化到运动处方》等书,对日本运动处方的研究推广和健身运动的兴起起到了积极的作用。

到目前为止,通过很多专家的研究,运动处方已经成了一项很成熟的锻炼方式,为科学地指导人们的日常锻炼起到了积极的作用。

三、运动处方的制定原则

(一)以体力为基础原则

制定运动处方应以体力情况为基础。在制定运动处方时,必须注意到体力的差别比性别和年龄的差别更为重要。

(二)区别对待原则

运动处方的制定,必须针对每一个人的具体情况,因人而异,区别对待。这是因为每一个锻炼者的身体条件不相同,不可能预先准备好适应各种情况的处方。即使可能,个人的身体或客观条件也在经常变化。

(三)持之以恒和渐进性原则

从生理学的角度看,虽然是科学、有效的运动,如果锻炼者不爱好则难以持久,不能持久也就不能达到真正的效果。人体对反复持久的运动有一个适应过程,体质的增强则建立在适应能力逐渐提高的基础上。所以,运动处方的制定,在注意持之以恒的同时,还要兼顾其渐进性原则。

(四)安全界限和有效界限原则

安全界限指锻炼者在保证不会出意外事故的情况下,所能承受的最大运动强度或运动量。有效界限指达到最低锻炼效果的最小运动强度或运动量。安全界限和有效界限之间,就是运动处方最安全而有效的范围。在这个范围内,运动强度、时间和频率等越高,效果就越显著。运动强度、时间和频率等越高,效果也越大,但它有个最高和最低限度。

(五)运动效果的体质基础原则

运动时身体的生理的适应,根据运动种类或方法有所不同。锻炼前体质差的人,从事强度小的运动也能收到显著效果,而锻炼前体质强的人,则要求更高的运动强度的刺激,才能见效。

(六)便于修订调整原则

运动处方的区别对待原则,决定了在最初制定处方过程中,要进行一次或数次的调整,使之成为符合自己条件的运动处方。一个安全、有效、愉快的运动处方,不是别人给予的,而是自己在实践过程中制定出来的。

第二节 运动处方的主要内容

一、运动目的

根据性别、年龄、职业、爱好和身体健康状况的不同,其运动目的有强身保健、防治疾病、健美减肥、伤病康复及提高运动成绩等。

二、运动种类

现代新兴的运动处方要求包括三个运动种类,即有氧运动、伸展运动及力量性运动,以达到全身锻炼的最佳效果。

(一)有氧运动

有氧运动是运动处方最主要的和最基本的运动手段。其运动项目有步行、慢跑、走跑交替、游泳、自行车、上下楼梯、跳绳、划船、滑冰、滑雪、室内功率自行车、步行车、跑台等。有氧运动的目的可作为一般健身或改善心血管疾病及代谢功能,用于冠心病、高血压、肥胖症等多种慢性疾病的预防和康复。

(二)伸展运动

伸展运动包括运动负荷较小的放松性练习及医疗体操和矫正体操。前者的运动项目如太极拳、气功、五禽戏、八段锦、放松操等。这些运动可改善心情,消除身体疲劳,或防治高血压病和神经衰弱;后者的运动项目如各种医疗体操、舞蹈、矫正体操等。这些运动项目可针对某些疾病进行专门性治疗,如慢性支气管炎、肺气肿患者可做专门的呼吸体操,内脏下垂者应做腹肌锻炼,脊柱畸形、扁平足者应做矫正体操。

(三)力量性运动

力量性运动是以恢复和提高肌肉力量,并促进肢体功能活动的运动,主要包括抗阻运动、主动运动、助力运动等,主要用于因各种原因引起的肌肉萎缩、肌力下降。

三、运动强度

运动强度是运动处方定量化与科学性的核心问题,它影响到锻炼效果和安全。运动强度是单位时间内的运动负荷,即运动强度＝运动负荷/运动时间。反映运动强度的生理指标常用心率(HR)表示。除去环境、心理或疾病等因素,当心率在110—170次/分时,心率与运动强度之间呈直线关系。按心率确定运动强度的方法有:

(一)年龄减算法

运动适宜心率＝180(或170)－年龄。此法适用于身体健康的人。

(二)靶心率法(THR)

靶心率指能获得最佳效果并能确保安全的运动心率。一般取个人最大心率的60%—85%,而标准的计算公式为:THR＝(最大心率－安静心率)×(0.6－0.8)＋安静心率,此法适用于各种慢性疾病患者。

四、运动时间

运动时间指每次持续运动的时间。耐力性运动的持续时间为30—60分钟,一般为20—30分钟(除去准备活动和整理活动时间),其中达到适宜心率的时间最低需持续10分钟以上。健康成年人宜采用中等强度、长时间运动;体质弱或有疾病症状者,宜采用小强度、长时间运动;年轻体质好的宜采用大强度、短时间运动。

五、运动频度

运动频度指每周的锻炼次数。运动频度取决于运动强度和每次运动持续的时间。一般认为,每周锻炼3—4次是最适宜的频度,即隔日锻炼1次;如果每周不足2次,则起不到应有的作用。此外,如果间隔时间超过3天,运动效果的蓄积作用就会消失,效果就会明显减弱。

六、注意事项

在运动处方中,应根据每个锻炼者或患者的具体情况提出相应的注意事项。①指出应禁忌参加的运动项目和某些易发生危险的动作。②指出运动中自我观察指标及出现指标异常时停止运动的标准。③每次锻炼前后都要做好充分的准备活动和整理活动。

第三节 运动处方的分类及实施原则

一、运动处方的分类

根据进行体育锻炼的目的,运动处方可分为两大类。一是治疗性运动处方,主要用于某些慢性疾病(如高血压、冠心病、脑血管病、糖尿病及肥胖症等)和创伤康复期的患者,使医疗体育更加定量化、个别化、系统化和科学化;二是预防性运动处方,用于健康的中老年人、长期从事脑力劳动和办公室工作的人员,使他们更加合理地参加健身运动,预防某些"文明病"的发生,防止过早衰老。

运动处方还可按照锻炼器官的不同而分为不同系统的运动处方,按照人体参加锻炼的范围而分为局部性或全身性的运动处方,等等。

二、运动处方的实施与原则

(一)周锻炼次数和时间的安排

大学生在制订锻炼计划时,一般以一年或一学期为锻炼周期,以此来确定每周早操、课外活动的锻炼次数及每次锻炼的时间,如表7-1所示。

表 7-1 运动处方的周锻炼次数和时间安排

时间	有体育课时				无体育课时			
	早操		课外活动		早操		课外活动	
	周次数	时间/h	周次数	时间/h	周次数	时间/h	周次数	时间/h
春秋学期	3—5	0.5	2—3	1.5	3—5	0.5	3—4	1
夏冬学期	—	—	2—3	1			2—3	1
寒暑假	—	—	3—4	2			2—4	2

(二)周锻炼计划

这种计划简便易行,很适合大学生掌握和实施。现以大一男生为例,该生以全面发展身体和复习、巩固体育课内容为目标,其周锻炼计划如表 7-2 所示。

表 7-2 某大一男生周锻炼计划

姓名:×××　性别:＿＿男＿＿　年龄:＿18＿　年级:＿大一＿

星期	早操	课外活动	备注
1	晨跑 1200 米、一般体操练习	—	
2	—	耐力跑 2000 米、球类活动 20 分钟、引体向上或腰腹肌力量练习	
3	晨跑 1600 米、一般体操练习	—	
4	晨跑 1600 米、一般体操练习	—	
5	—	30—50 米跑 3—5 次、立定跳远或跨跳练习,复习体育课内容、球类活动 20 分钟	

星期	早操	课外活动	备注
6	晨跑 1600 米、一般体操练习	—	
7	—	室外活动或球类活动	

××年 × 月 × 日

注意：表 7-2 中各项内容均应有一定的强度、量和时间要求，具体因人、因时、因地酌定。并注意课外体育活动时间，尽量不要安排在体育课的当天进行。

(三) 实施运动处方的原则

在实施运动处方时，应注意以下三点。

第一，注意把课外锻炼的内容和体育课的学习内容结合起来。注意复习、巩固和提高体育课所学的内容。

第二，注意把个人兴趣与实际需要相结合。既要发展自己有兴趣的或擅长的项目，又要努力克服自己的弱项和不足。

第三，注意不同身体素质之间以及身体素质练习与其他活动的有机结合。在一般情况下，每次锻炼时应安排一项活动性游戏（或球类活动），再配以 1—2 项身体素质练习为好。

参考文献

[1] 马驰.当代大学生体育与健康教育研究[M].北京:知识产权出版社,2018.

[2] 杨秀清,任静,于洪波.高校体育教学创新方法论[M].北京:中国石化出版社,2019.

[3] 张胜利,邢振超,孙宇.高校体育教学与科学训练[M].北京:九州出版社,2015.

[4] 张爱兰.新课程理念下的高中体育创新教学模式探究[J].考试周刊,2016(14):106.

[5] 栾朝霞.高校体育教学改革与健康教育研究[M].北京:北京工业大学出版社,2021.

[6] 徐红琴.体育教师教育教学研究新视角[M].武汉:武汉大学出版社,2014.

[7] 吉丽娜,李磊.高校体育教学与训练理论实践探究[M].北京:地质出版社,2017.

[8] 张京杭.高校体育教学方法实践探索[M].北京:现代出版社,2019.

[9] 邱建华,杜国如.体育与健康教学研究[M].南昌:江西科学技术出版社,2019.

[10] 陈晓武,金想茹,张胜利.高校体育教学与心理健康教育融合研究[J].科教导刊(中旬刊),2019(26):114-115.

[11] 王高宣,陈万军.普通高校大学体育教学内容创新路径研究[J].当代体育科技,2020,10(1):26-127.

[12] 董翠香,田来,杨清风.核心素养导向的体育与健康教学设计[M].上海:上海教育出版社,2020.

[13] 曹垚.立德树人视域下高校体育类专业健康教育及教学质量监控机制研究[M].长春:吉林出版集团股份有限公司,2021.

[14] 常乃军,赵岷,李翠霞.体育与人的全面发展[M].北京:科学出版社,2023.

[15] 熊俊.基于大学生体质健康的高校体育教学改革探究[J].科教文汇(上旬刊),2020(3):104-105.